Acrylique

Premières leçons

Acrylique

Premières leçons

Phyllis McDowell

CAR
ACT
ÈRE

Publié pour la première fois
en Grande-Bretagne en 2006
par Dorling Kindersley Limited
80 Strand, Londres WC2R 0RL, Royaume-Uni
Une société du groupe Penguin

Pour l'édition en langue française :
Réalisation : Nord Compo
Traduction : id2m

ISBN-10 : 2-923351-89-4
ISBN-13 : 978-2-923351-89-6
Dépôt légal – Bibliothèque et Archives nationales du Québec, 2007
Visitez le site des Éditions Caractère
www.editionscaractere.com

Imprimé et relié en Chine par
Hung Hing Offset Printing Company Ltd

La taille des brosses, pinceaux et couteaux à peindre indiquée par un numéro variant d'un fabricant à l'autre, l'éditeur vous conseille de vous renseigner auprès de votre fournisseur habituel.

Sommaire

Introduction

L'acrylique offre au débutant comme à l'artiste confirmé une grande liberté d'expression. Simple et rapide à maîtriser, elle se retouche aisément et s'avère riche de possibilités. Elle convient, en effet, aussi bien aux réalisations détaillées requérant une grande précision qu'aux audacieuses œuvres abstraites, et accepte une grande variété de supports.

Transparence, richesse et rapidité

Quel que soit le sujet ou l'atmosphère que vous souhaitiez reproduire, l'acrylique s'adapte à de nombreuses techniques. À base d'eau, elle peut s'utiliser de façon très fluide pour figurer la transparence d'un ciel d'été, la délicatesse d'un pétale ou la finesse des moustaches d'un chat.

Appliquée en couche épaisse, au contraire, elle permet de capturer des effets aussi variés que les tourbillons d'une mer déchaînée, la texture de la crinière d'un cheval ou les riches couleurs d'une forêt d'automne. Diluée, l'acrylique produit des lavis parfaitement uniformes ; pure, elle permet de somptueux empâtements ; combinée à l'un des nombreux additifs disponibles, elle crée une surface qui peut être sculptée, grattée, texturée ou glacée. L'acrylique présente également l'avantage d'être facile à appliquer et de sécher rapidement : vous pouvez ainsi travailler librement en sachant que toutes vos erreurs peuvent être corrigées. Si une partie de votre tableau ne vous convient pas, il vous suffit de la recouvrir et de la reprendre. L'acrylique permet en outre d'équilibrer instantanément une composition par des modifications de dernière minute, telles qu'une correction de la perspective ou l'ajout de reflets. Sans oublier son côté pratique : le matériel, réduit, se range facilement et peut être emporté partout. De plus, ses couleurs ne ternissent pas, et elle produit une surface très résistante. Sans odeur, elle s'utilise dans n'importe quelle pièce, et le matériel se nettoie simplement à l'eau et au savon.

Apprentissage de l'acrylique

L'objectif de cet ouvrage est d'accompagner le débutant tout au long de la réalisation de tableaux à l'acrylique. Il offre des conseils sur l'achat du matériel ainsi que sur la meilleure manière de l'utiliser. Il présente également les notions indispensables aux techniques de base, telles que le mélange des couleurs et la création de compositions agréables à l'œil, détaillées dans des étapes très claires vous permettant de vous perfectionner. Grâce à cette approche pratique, vous pouvez vous lancer rapidement et obtenir des résultats réellement satisfaisants. Les quatre sections suivant la présentation du matériel et des techniques dévoilent des utilisations de plus en plus sophistiquées de l'acrylique, illustrées par des exemples de traitement de sujets divers par différents artistes. Pas moins de douze projets vous présentent, pas à pas, la manière de combiner les techniques abordées afin de réaliser des œuvres au réalisme saisissant grâce à la couleur, à la perspective, à l'éclairage et au contraste. Plus vous vous exercerez à produire des effets, plus vous progresserez et plus vous apprécierez les possibilités infinies offertes par cette technique polyvalente.

HOP

Matériel et techniques

Peinture et matériel associé

La gamme de peintures acryliques ne cesse de s'étoffer, mais il n'est pas indispensable de se procurer un grand nombre de couleurs. Commencez plutôt par une palette restreinte et essayez divers mélanges. L'acrylique se trouve sous forme de tubes, pots et flacons. Les tubes sont très pratiques : peu encombrants, ils préservent parfaitement les couleurs et autorisent des dosages précis.

COULEURS RECOMMANDÉES

Ces 12 couleurs forment une bonne palette de base, permettant des variations illimitées. Elle comprend les couleurs primaires (2 rouges, 2 jaunes et 3 bleus), une teinte de chaque couleur secondaire (orangé, vert et violet) ainsi que du magenta et du blanc. Inutile de vous procurer du noir, vous pourrez l'obtenir par le mélange d'autres couleurs.

Rouge de cadmium foncé

Rouge de cadmium clair

Jaune de cadmium foncé

Jaune de Hansa clair

Bleu clair

Bleu phtalo (ou de phtalocyanine)

Outremer français

Orange indien

Vert phtalo (ou de phtalocyanine)

Violet dioxazine

Magenta moyen

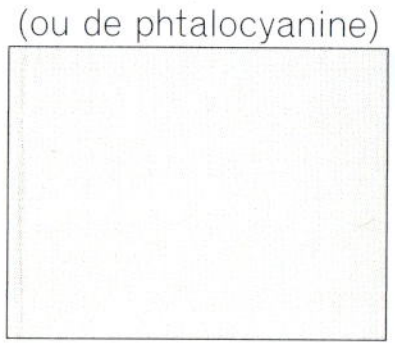
Blanc de titane

TYPES DE PEINTURE

Les tubes sont la forme de conditionnement la plus courante. Le bouchon est très pratique et permet une bonne conservation des couleurs.

Les pots sont parfaits pour les vastes réalisations telles que les fresques murales.

Les flacons sont munis d'un bouchon permettant de poser la peinture, généralement assez liquide, sur la palette.

MATÉRIEL ASSOCIÉ

Vous n'êtes pas tenu d'acheter de nombreux pinceaux, la gamme présentée ici suffira amplement à obtenir d'innombrables effets. Prévoyez également un crayon, une gomme, du ruban à masquer, du papier absorbant, un chiffon (serviette éponge en coton, de préférence) et de grands récipients remplis d'eau pour les mélanges et le nettoyage des pinceaux.

PINCEAUX ET BROSSES

MATÉRIEL COMPLÉMENTAIRE

Brosse à dents pour les mouchetures.

Crayon pour le tracé initial.

Couteau à peindre n° 22 pour les textures.

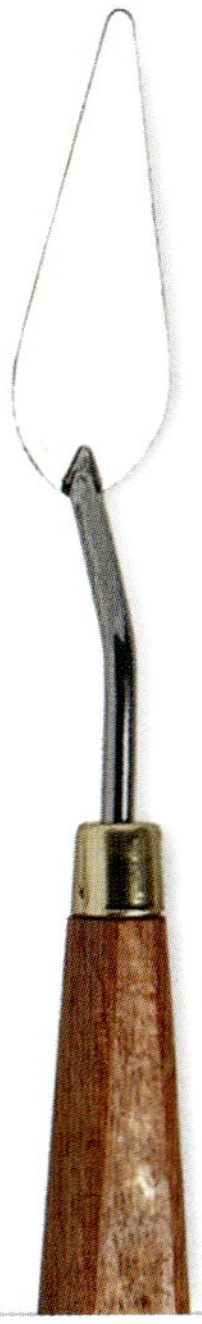

Médium qui, mélangé à l'acrylique, améliore la tenue de la peinture et apporte transparence et brillance à la couleur.

Éponges naturelles utiles pour ôter l'excès de peinture et créer des effets texturés.

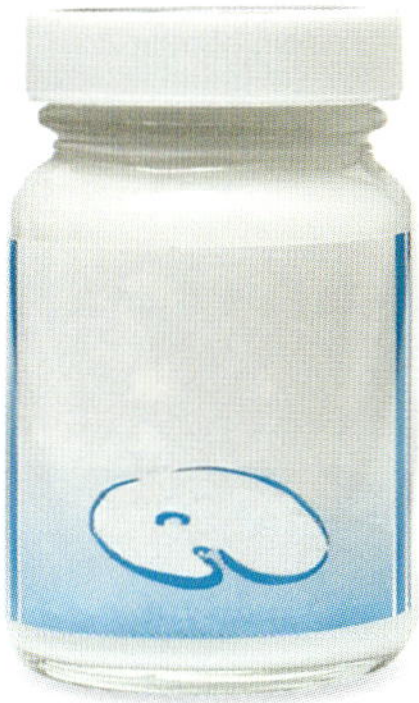

Pâte de texture, permettant d'épaissir la peinture afin de créer des effets de relief.

Palette humide, spécifiquement conçue pour conserver l'acrylique humide plusieurs jours. Vous pouvez facilement en confectionner une vous-même *(voir p. 20)*.

Supports

L'acrylique a pour avantage de pouvoir s'utiliser sur une grande variété de papiers et autres matériaux, à condition que leur surface ne soit pas grasse : papier à dessin, papier aquarelle, carton, carton entoilé… Chaque support présente une surface spécifique qui détermine la manière dont la peinture est absorbée, ainsi que son apparence. N'hésitez pas à faire des essais !

TYPES DE SUPPORTS

Le papier pour acrylique est un support léger spécialement étudié. Fortement diluée, l'acrylique se comporte mieux sur du papier aquarelle. Papier à dessin, papier journal, carton, carton pour encadrement, carton entoilé et châssis entoilé constituent de bons supports. Non recouverte, leur couleur d'origine peut parfaitement s'intégrer aux œuvres.

Le papier pour acrylique est disponible en blocs de taille variable. Son fini gaufré et sa texture rappellent la toile.

Le papier aquarelle est aussi idéal pour l'acrylique. Il présente une grande variété de grammages, de surfaces et de teintes.

Le carton est un support très intéressant. Sa couleur peut s'intégrer harmonieusement à une palette thématique.

La toile peut s'acheter apprêtée et tendue sur un châssis, dans de nombreuses dimensions et différentes textures.

Le carton entoilé consiste en un panneau encollé de toile apprêtée. Il offre une surface rigide très pratique.

EFFET SELON LE SUPPORT

La surface choisie affecte considérablement le résultat final. Ces nénuphars ont tous été peints de manière identique, mais sur des supports différents : chaque réalisation se distingue clairement des autres.

L'acrylique peut s'appliquer en couche très épaisse sur la toile.

Châssis entoilé Cette surface sublime la peinture. Son élasticité dynamise les coups de pinceau, que la peinture soit appliquée en couche fine ou épaisse.

Papier pour acrylique Les lavis glissent aisément sur cette surface, délimitant des zones très marquées. L'ajout d'eau permet de fluidifier et d'adoucir les lavis.

Les lavis sont adoucis à l'aide d'eau.

Carton entoilé Ce support rigide permet une approche directe et franche. La peinture peut être facilement recouverte afin d'en corriger certaines parties.

La texture de la toile transparaît.

Papier aquarelle de couleur La couleur chaude de ce papier uniformise le tableau. Vous pouvez réaliser de légers lavis pour exploiter la couleur du papier ou opter pour une peinture opaque.

Les zones non recouvertes créent une unité.

Carton Bon marché, ce support invite aux expérimentations. Résistant et granuleux, il accepte les couches épaisses de peinture. Sa couleur vive modifie les lavis transparents.

Les couleurs claires et opaques ressortent sur le fond coloré.

Pinceaux et couteaux à peindre

Vous pouvez parfaitement utiliser des pinceaux pour l'huile ou l'aquarelle, mais privilégiez les pinceaux synthétiques bon marché aux pinceaux en poils de martre, plus coûteux, car l'acrylique est plus agressive que les autres peintures. Nettoyez-les soigneusement à l'eau chaude savonneuse avant que la peinture ne sèche. Vous pouvez également mélanger et appliquer l'acrylique à l'aide d'un couteau à peindre.

PINCEAUX, BROSSES ET COUTEAUX À PEINDRE

Pinceaux et couteaux sont disponibles en différentes formes et tailles. Les pinceaux peuvent être ronds, plats (on parle de brosses), fins ou langue de chat, et sont numérotés selon leur grosseur. Utilisez les pinceaux, brosses et couteaux recommandés (*voir p. 13*) pour créer de fines lignes ou de vastes lavis, comme indiqué ci-dessous ; chacun produit des effets spécifiques.

Fin n° 1 : parfait pour les traits fins et délicats.

Rond n° 8 : très pratique et polyvalent, convient au dessin et aux détails.

Rond n° 12 : adapté aux zones plus étendues avec des contours définis.

Langue de chat n° 12 : idéal pour les formes douces et arrondies.

Plate n° 2 : permet de petits coups de pinceau brefs.

Plate n° 6 : idéale pour les coups de pinceau intermédiaires.

Plate n° 8 : contient plus de peinture, parfaite pour couvrir de vastes zones.

Plate n° 10 : s'utilise pour les grandes surfaces.

Couteau à peindre n° 22 : permet de mélanger et d'appliquer l'acrylique.

TENUE DU PINCEAU OU DU COUTEAU À PEINDRE

Les coups de pinceau doivent rester fluides et spontanés. Le pinceau se tient avec légèreté, les doigts et le poignet relâchés afin de ne pas entraver son mouvement. Le trait obtenu varie selon l'angle du pinceau, la pression appliquée et la vitesse d'exécution. Une fois le trait réalisé, n'essayez pas de le rectifier.

Pour peindre des traits au pinceau rond, tenez ce dernier près de sa base, comme s'il s'agissait d'un crayon.

Pour tenir une brosse plate, placez votre main sur le manche, index déplié, et soutenez-la à l'aide de votre pouce.

Le couteau à peindre doit être tenu poing fermé, à la manière d'une truelle. Son manche coudé permet une manipulation aisée.

Traits variés

Pour réaliser un trait continu, exercez une pression constante sur le pinceau.

Pour produire un long trait fluide, utilisez la pointe et exercez une pression régulière.

Pour créer une forme de feuille, traînez doucement le pinceau en le relevant progressivement.

Pour éclaircir un trait, relevez délicatement le pinceau à mesure que vous le déplacez sur le papier.

Pour produire un effet texturé, utilisez un pinceau presque sec et effectuez un geste rapide.

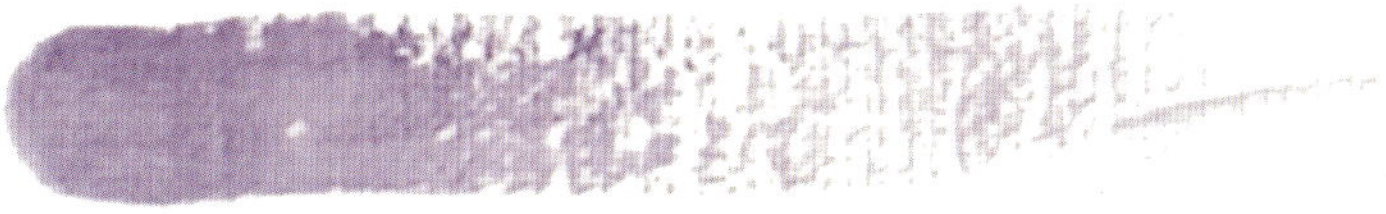

Pour créer un trait vif, appuyez fortement sur le pinceau, puis relâchez subitement la pression.

Pour suggérer une forme, faites tourner progressivement le pinceau sur lui-même.

Coups de pinceau

Découvrez les nombreux effets réalisables en vous exerçant et en essayant vos pinceaux. Les différentes possibilités offertes par les pinceaux ronds, plats et fins sont présentées ci-dessous.

Plus vous vous entraînerez, mieux vous maîtriserez vos pinceaux. Faites varier la vitesse, la pression et la direction de vos coups de pinceaux, et observez les effets produits.

EFFETS AU PINCEAU

Faites doucement tourner un pinceau rond pour créer des traits dynamiques.

Faites rouler le côté d'un pinceau rond pour créer une texture spontanée et vivante.

Réalisez au pinceau rond des ondulations, du haut vers le bas, pour figurer le mouvement.

Appuyez un pinceau rond, puis relevez-le rapidement pour produire des formes de feuilles.

Réalisez de courtes marques horizontales à la brosse plate pour créer des blocs uniformes.

Utilisez le bord d'une brosse plate pour effectuer une série de lignes droites.

Modifiez constamment la direction des traits obtenus avec un pinceau rond pour dynamiser une zone de ton.

Déplacez une brosse plate en relâchant la pression exercée pour créer des blocs irréguliers.

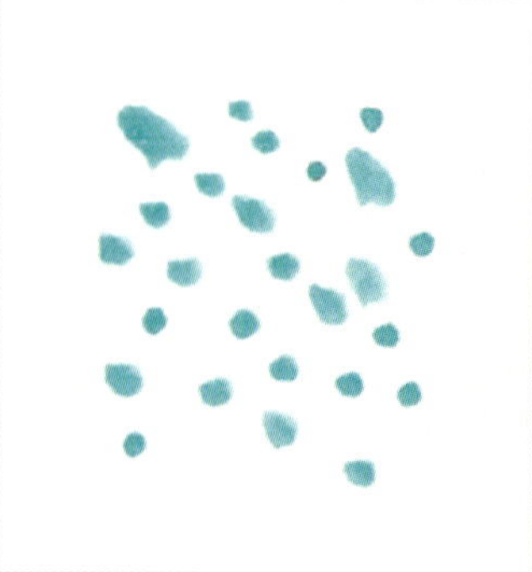

Appuyez la pointe d'un pinceau rond pour produire des pointillés.

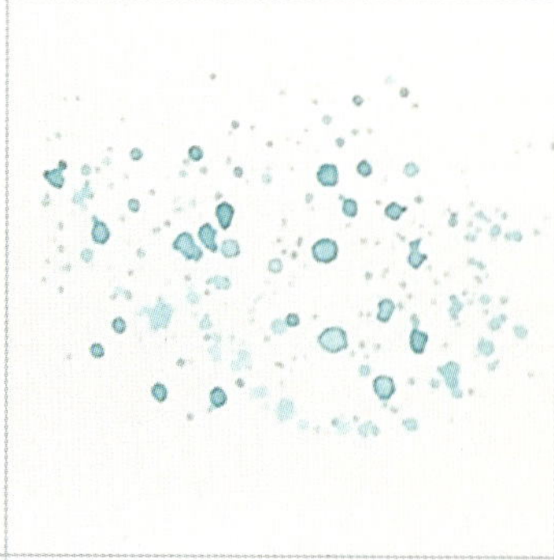

Tenez le pinceau à distance et tapotez-le doucement pour obtenir des mouchetures irrégulières.

Appliquez légèrement la pointe d'un pinceau fin pour réaliser des lignes délicates.

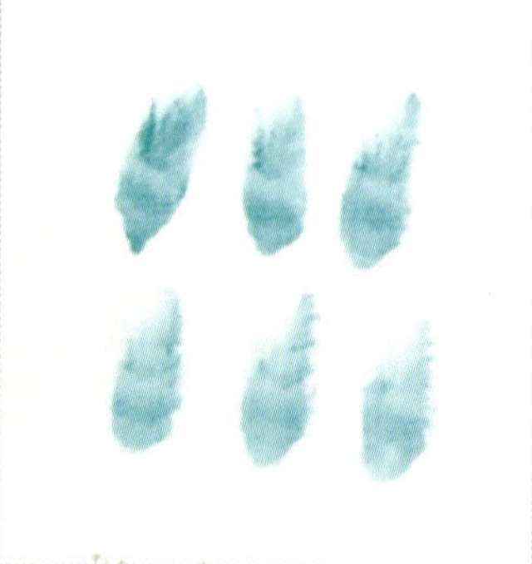

Appuyez la pointe d'un pinceau rond, puis abaissez-le pour réaliser des sortes de petites feuilles.

COMBINER LES TRAITS

Vous pouvez obtenir des images simples à l'aide de quelques techniques de base. Exercez-vous à reproduire chacun des traits représentés ici, puis combinez-les afin de former un vase, un hérisson et un arbre.

Avec un pinceau rond, créez les taches de la tête et du corps du hérisson, puis suggérez ses piquants à l'aide d'un pinceau fin.

Réalisez des traits calligraphiques en tenant un pinceau rond de manière souple pour figurer un vase décoré.

Tapotez une éponge humide sur des éclaboussures réalisées à la brosse à dents pour créer le feuillage. Utilisez un pinceau fin pour le tronc.

Acrylique à séchage rapide

L'acrylique sèche rapidement, ce qui signifie que vous pouvez retravailler presque immédiatement certaines zones de votre tableau, mais également que la peinture posée sur votre palette devient vite inutilisable. Il est donc fortement conseillé d'utiliser une palette spéciale, que vous pouvez fabriquer vous-même, présentant une surface humide sous la zone de mélange.

FABRICATION D'UNE PALETTE HUMIDE

Vous pouvez facilement fabriquer votre propre palette humide aux dimensions souhaitées. Il vous faudra un plateau en plastique, de la mousse de fleuriste (disponible chez les fleuristes et en magasins de jardinage), du papier parchemin de cuisine (ou du papier sulfurisé, si vous préférez effectuer vos mélanges sur une surface blanche) et du film étirable.

Palette humide du commerce La surface de mélange est généralement blanche.

RÉALISER SA PROPRE PALETTE

Commencez par découper la mousse de fleuriste aux dimensions de votre plateau, puis tapissez-en le fond.

Versez de l'eau, puis appuyez sur la mousse afin qu'elle l'absorbe complètement et de manière uniforme.

Lorsque la couleur de la mousse s'assombrit, indiquant qu'elle est mouillée, recouvrez-la de trois couches de papier absorbant.

Appuyez sur le papier absorbant des deux mains. Il est tout à fait normal que l'humidité le fasse gondoler.

Découpez le papier parchemin de sorte qu'il recouvre le fond et les parois du plateau, puis placez-le sur le papier absorbant en appuyant.

Vous pouvez à présent utiliser votre palette. Si vous faites une pause, recouvrez-la de film étirable pour que la peinture ne sèche pas.

PEINDRE PAR-DESSUS L'ACRYLIQUE

L'acrylique séchant rapidement, les erreurs peuvent être presque immédiatement rectifiées. Avant de recouvrir les zones à corriger, ajoutez du blanc à vos mélanges pour les opacifier.

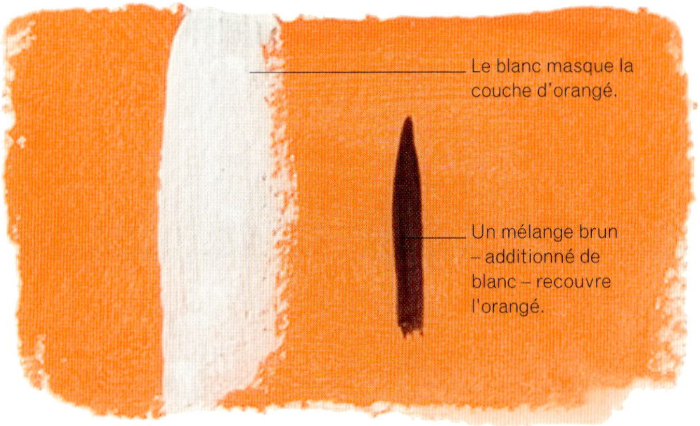

Recouvrement Remarquez comme l'orangé est entièrement masqué par la peinture blanche et le mélange brun opaque.

RECTIFIER UNE PEINTURE

Cette nature morte montre la facilité avec laquelle l'acrylique peut être reprise. La réalisation initiale est placée à gauche, l'œuvre finale, rectifiée, à droite. L'artiste n'a laissé sécher la peinture qu'une ou deux minutes avant de retravailler certaines zones.

Du lilas pâle a été appliqué pour masquer la queue disgracieuse de la poire.

Le lilas pâle du fond a été étiré sur le plateau de la table pour faire ressortir davantage la coupe de fruits.

Un fruit vert a été recouvert d'orangé pour créer un centre d'intérêt intense.

Cercle chromatique

Le cercle chromatique est une représentation classique des relations entre les six couleurs principales – rouge, violet, bleu, vert, jaune et orangé. Les trois couleurs primaires – rouge, bleu et jaune – ne peuvent pas être obtenues par mélange. En revanche, le mélange de deux couleurs primaires produit une couleur secondaire – violet, vert ou orangé. Testez les possibilités offertes par ces mélanges.

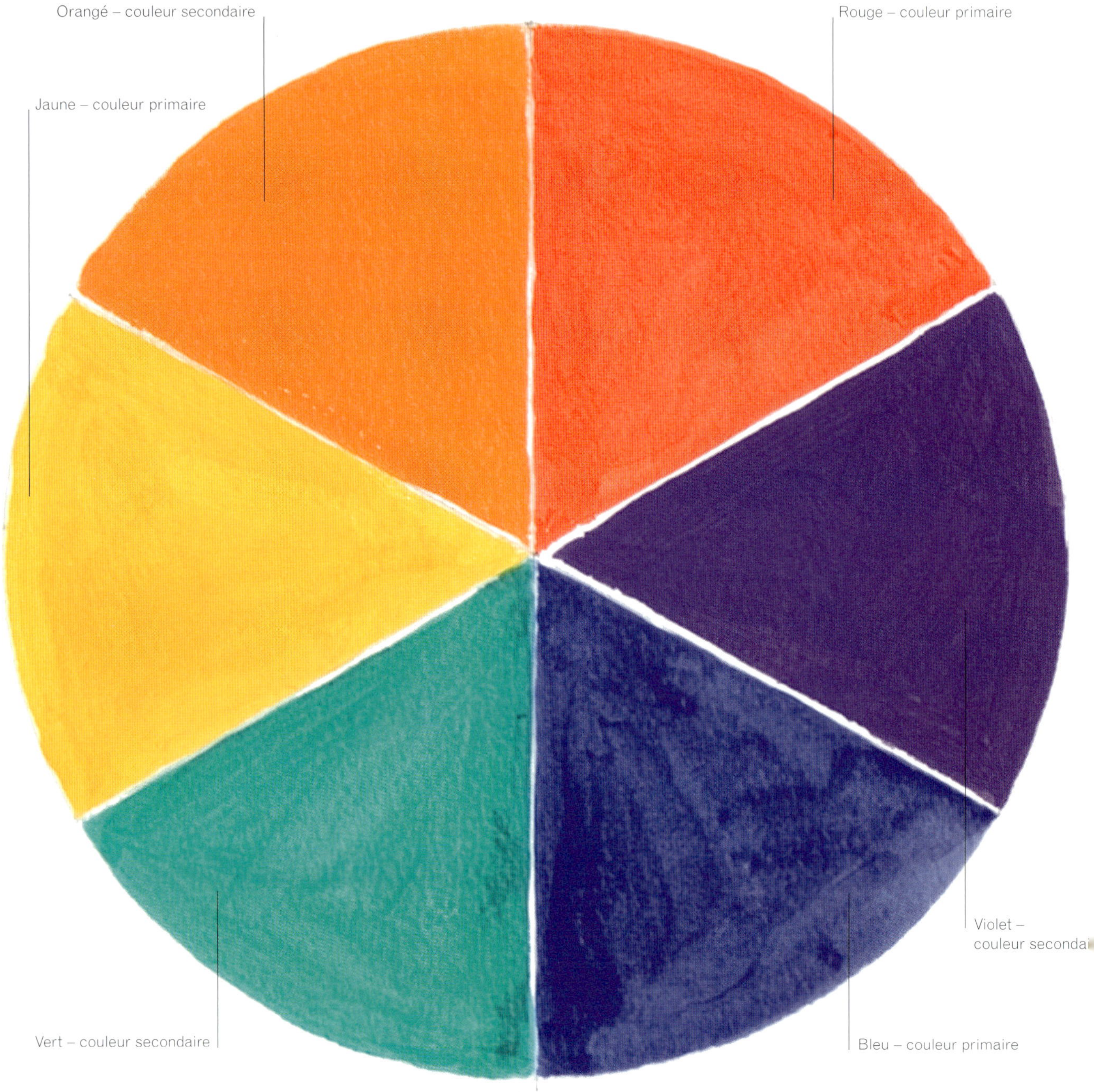

MÉLANGE DE DEUX COULEURS PRIMAIRES

Lorsque vous combinez deux couleurs primaires, vous obtenez diverses couleurs secondaires selon les pigments utilisés. Pour des couleurs vives, optez pour des pigments de teintes proches sur le cercle chromatique.

Si vous souhaitez créer un vert intense, mélangez un bleu verdâtre et un jaune verdâtre. Pour un vert plus subtil, choisissez des pigments aux teintes plus éloignées, par exemple un bleu violacé et un jaune orangé.

Orange vif
Du jaune de cadmium (un jaune orangé) mélangé à du rouge de cadmium clair (un rouge orangé).

Orange sourd
Du jaune de Hansa clair (jaune verdâtre) mélangé à du rouge de cadmium foncé (rouge violacé).

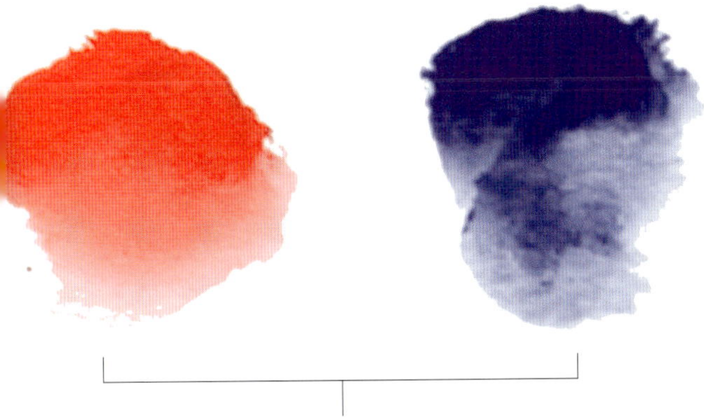

Violet vif
Du rouge de cadmium foncé (rouge violacé) mélangé à de l'outremer français (bleu violacé).

Violet sourd
Du rouge de cadmium clair (rouge orangé) mélangé à du bleu de phtalocyanine (bleu verdâtre).

Mélange des couleurs

Mélanger les couleurs pour obtenir les teintes souhaitées est une étape à la fois simple et passionnante. Il arrive que la couleur achetée corresponde à la nuance voulue, mais il vous faudra généralement rectifier vos couleurs. Par exemple, si votre vert est trop bleu, ajoutez-y du jaune. Incorporez progressivement de petites quantités de peinture jusqu'à obtention du mélange parfait.

MÉTHODES DE MÉLANGE DES COULEURS

Mélanger les couleurs peut s'effectuer de trois façons. Le mélange sur la palette vous permet d'obtenir la couleur souhaitée avant son application. Le mélange sur le support, plus rapide, invite à la spontanéité. Quant au mélange sur le pinceau, il est plus hasardeux : les couleurs ne se fondent pas uniformément, entraînant des transitions inattendues.

MÉLANGE SUR LA PALETTE

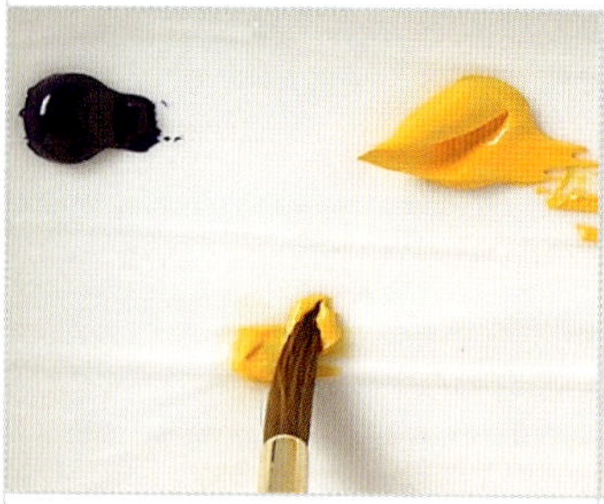

Déposez du bleu et du jaune sur la palette, puis déplacez un peu de jaune au pinceau.

Prélevez du bleu et mélangez-le au jaune. Ajoutez l'un ou l'autre jusqu'à obtenir la teinte souhaitée.

Mélangez soigneusement les couleurs au pinceau.

Vous pouvez à présent appliquer sur le support le mélange que vous avez créé.

MÉLANGE SUR LE SUPPORT

Appliquez au pinceau une quantité généreuse de jaune directement sur le support.

Chargez le pinceau de bleu, puis appliquez-le sur le jaune par touches.

Mélangez en tournant vigoureusement le pinceau. Rectifiez la teinte en y ajoutant l'une des couleurs.

Le mélange vert ainsi obtenu sur le support peut à présent être travaillé selon le sujet traité.

MÉLANGE SUR LE PINCEAU

Roulez la pointe du pinceau dans le jaune sans toucher la peinture bleue.

Une fois le pinceau chargé de jaune, roulez-le délicatement dans le bleu.

Appliquez la peinture sur le support pour des effets de couleur très spontanés.

Les couleurs ne se mélangeant pas bien, les traits présentent du jaune, du bleu et du vert.

CRÉATION DES VERTS

Comment reproduire l'infinie variété des verts présents dans la nature? Même en vous procurant tous les verts disponibles dans le commerce, il vous en manquerait. La seule solution consiste à mélanger des couleurs. Vous pourrez créer d'innombrables verts en variant la proportion de bleu et de jaune. Essayez également d'ajouter des touches d'orangé ou de rouge pour des effets plus subtils et de mélanger de l'orangé ou du rouge au vert de phtalocyanine de votre palette de base.

PALETTE DE VERTS

Le bleu phtalo et le jaune de Hansa clair sont transparents et comportent une touche de vert. Mélangés, ils produisent un vert pur transparent.

L'outremer français est transparent avec une touche de rouge. Combiné à du jaune de Hansa clair, il produit un vert minéral transparent.

Mélangé à du bleu phtalo, le jaune de cadmium foncé, opaque et avec une touche de rouge, crée un vert champêtre semi-opaque.

Le vert phtalo est un vert bleuâtre transparent. Le rouge de cadmium clair le transforme en un vert riche très naturel.

Le vert phtalo et le rouge de cadmium foncé sont transparents avec un peu de bleu. Combinés, ils créent un vert sombre riche et transparent.

ÉTUDE D'ARBRE

Les variations de couleur du feuillage rendent cette étude très vivante. Ici se combinent verts bleuâtres et jaunâtres, teintes sombres et pâles, ainsi que lavis transparents et mélanges opaques (additionnés pour certains de blanc de titane). Cette richesse stimule l'œil, l'invitant à se déplacer dans la peinture. En présence d'un seul et unique vert, l'arbre aurait été dénué d'intérêt.

Couleurs neutres et couleurs foncées

Les couleurs du cercle chromatique sont vives et pures car elles ne comportent au maximum que deux couleurs primaires. Si vous souhaitez créer des couleurs neutres et foncées, vous pouvez mélanger les trois couleurs primaires ou deux couleurs complémentaires – la couleur complémentaire d'une couleur secondaire est la couleur primaire qu'elle ne contient pas.

COULEURS COMPLÉMENTAIRES

Sur le cercle chromatique (*voir p. 22*), le rouge est placé en face du vert, le jaune en face du violet et le bleu en face de l'orangé. Les couleurs ainsi opposées sont dites complémentaires. Placées côte à côte dans un tableau, elles apparaissent plus intenses, mais lorsqu'elles sont mélangées, elles produisent des teintes subtiles de gris et de bruns.

Jaune et violet

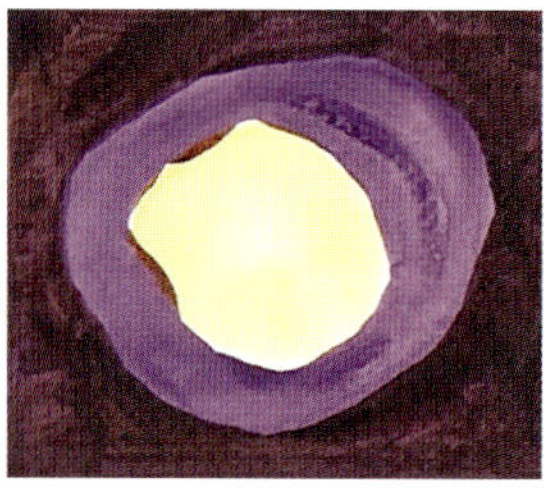

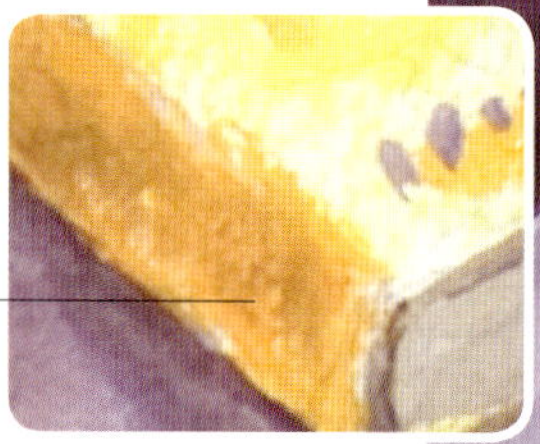

La teinte sourde du dos du livre est un mélange de violet et de jaune.

Le livre jaune contraste avec le fond violet.

Bleu et orangé

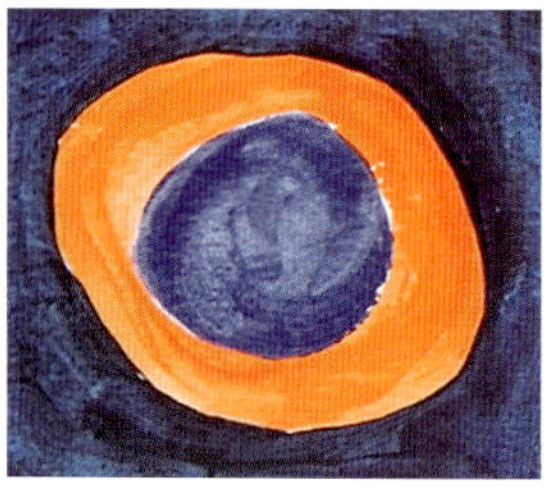

La couleur sourde du bateau est un mélange de bleu et d'orangé.

La voile orangée ressort sur les bleus du ciel et de la mer.

Rouge et vert

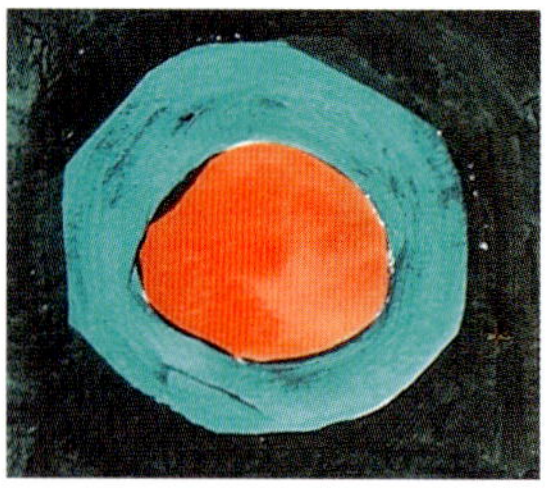

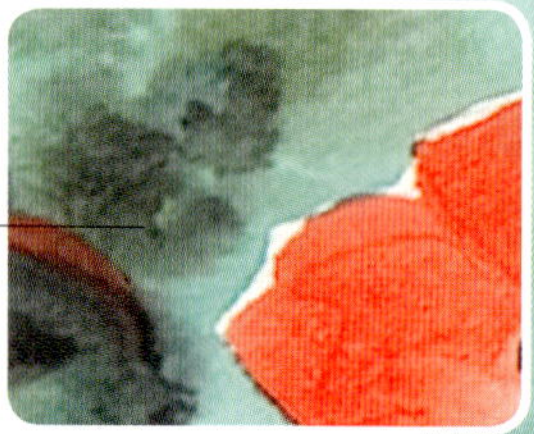

Le feuillage sourd, plus sombre, est un mélange de rouge et de vert.

Les fleurs rouges contrastent avec le vert.

NOIRS ET BRUNS À PARTIR DES COULEURS PRIMAIRES

Vous pouvez fort bien acheter de la peinture acrylique noire et brune, mais vous obtiendrez des résultats plus satisfaisants en mélangeant les couleurs primaires dans des proportions variables. Vous disposerez ainsi d'une gamme bien plus riche de noirs et de bruns.

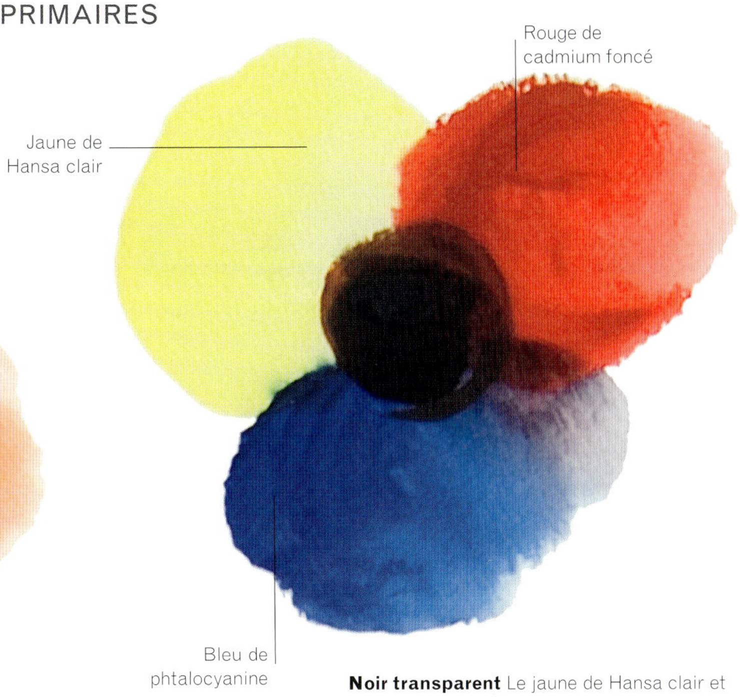

Noir transparent Le jaune de Hansa clair et le bleu de phtalocyanine sont transparents. Combinés au rouge de cadmium foncé, ils produisent un noir transparent.

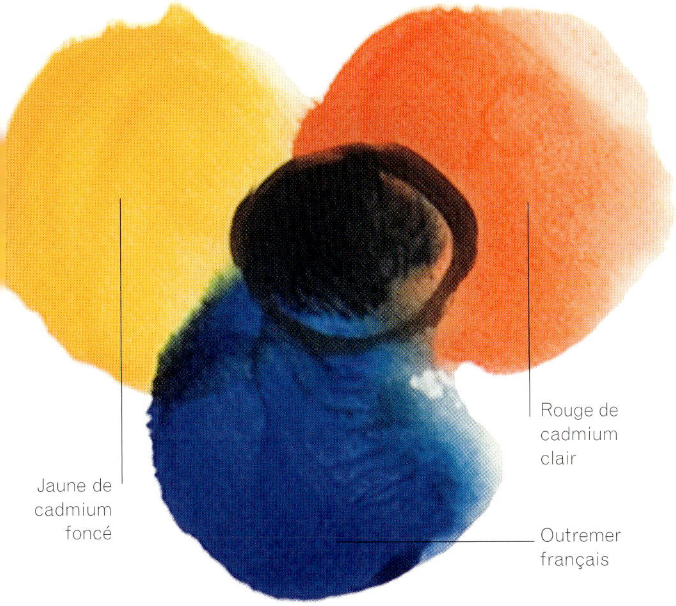

Brun chaud Le mélange de jaune de cadmium foncé, opaque, et de rouge de cadmium clair domine l'outremer français, créant un brun sombre.

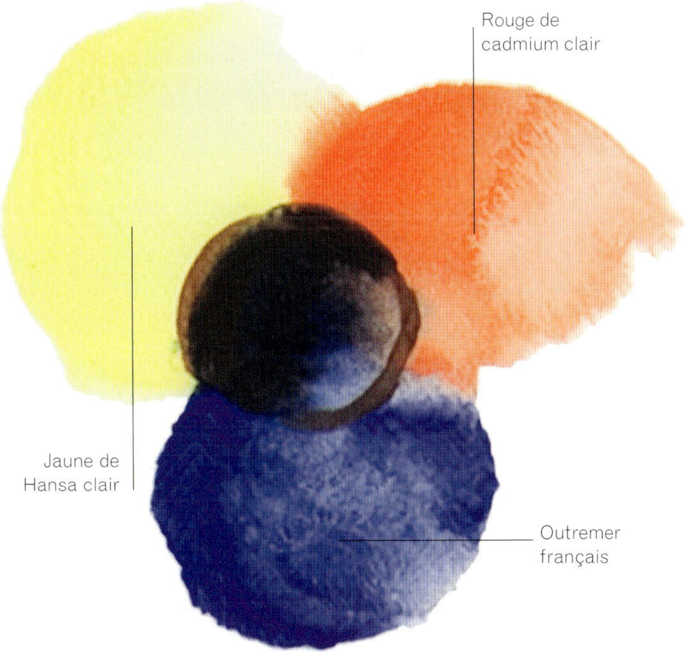

Brun transparent Combinés, le jaune de Hansa clair, le rouge de cadmium clair et l'outremer français créent un brun chaud transparent.

Noir opaque Le mélange de jaune de cadmium foncé et de rouge de cadmium foncé, dominé par le bleu phtalo, forme un noir opaque riche.

Éclaircir et assombrir les couleurs

Mélanger les couleurs ne consiste pas uniquement à trouver la teinte parfaite, il s'agit également d'obtenir la nuance adéquate. Vous pouvez ainsi rendre votre couleur plus claire ou plus sombre. Pour l'éclaircir, ajoutez de l'eau afin d'accentuer sa transparence, ou incorporez du blanc pour renforcer son opacité. Pour l'assombrir, ajoutez-y sa couleur complémentaire. La couleur finale dépend de la teinte complémentaire : le bleu de phtalocyanine et l'outremer français ne produisent pas le même résultat sur l'orange indien.

AJOUT D'EAU

Jaune de cadmium foncé additionné d'eau

Orange indien additionné d'eau

Rouge de cadmium foncé additionné d'eau

Violet dioxazine additionné d'eau

Outremer français additionné d'eau

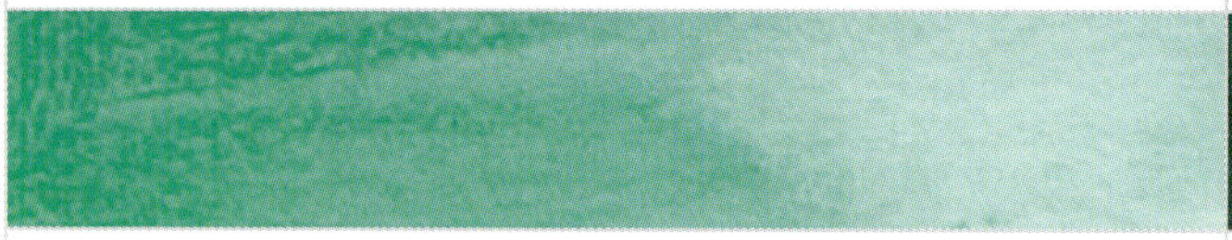

Vert de phtalocyanine additionné d'eau

AJOUT DE PEINTURE BLANCHE

Jaune de cadmium foncé additionné de blanc

Orange indien additionné de blanc

Rouge de cadmium foncé additionné de blanc

Violet dioxazine additionné de blanc

Outremer français additionné de blanc

Vert de phtalocyanine additionné de blanc

AJOUT DE COULEURS COMPLÉMENTAIRES

Jaune de Hansa clair assombri à l'aide de violet dioxazine

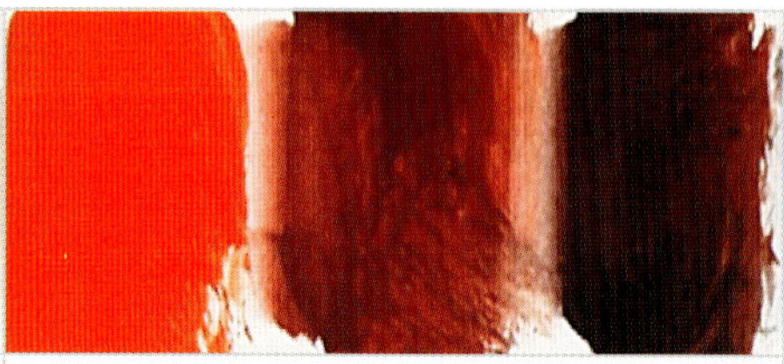

Rouge de cadmium clair assombri à l'aide de vert de phtalocyanine

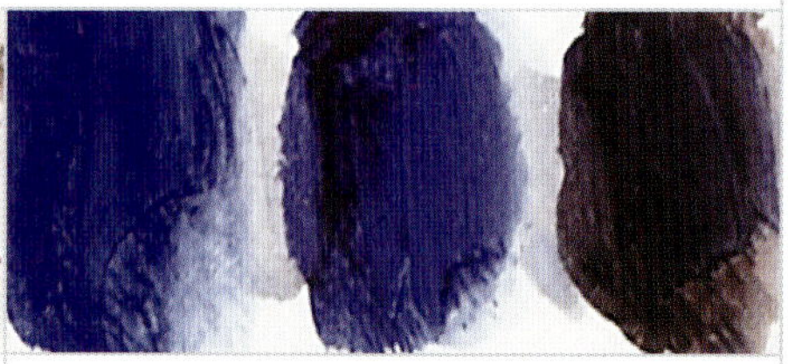

Outremer français assombri à l'aide d'orange indien

TONS DE PEAU

Les tons de peau requièrent de nombreux mélanges de différentes teintes et nuances. Ce portrait, par exemple, utilise plusieurs mélanges, répertoriés sur la droite : rose pêche, bruns foncés, orange doré, gris neutres… Certaines teintes ont été éclaircies à la peinture blanche. Les nuances foncées et neutres ont, elles, été obtenues par ajout de couleurs complémentaires.

Mélanges

Orange indien et blanc de titane

Orange indien, vert phtalo et blanc de titane

Orange indien, rouge de cadmium foncé, outremer français et blanc de titane

Jaune de cadmium foncé, orange indien, outremer français et blanc de titane

Orange indien, outremer français et blanc de titane

Rouge de cadmium foncé, vert phtalo et blanc de titane

Rouges de cadmium foncé et clair, outremer français et blanc de titane

Rouges de cadmium foncé et clair, et vert phtalo

Rouge de cadmium foncé et violet dioxazine

Glacis

Le glacis consiste à appliquer un lavis transparent sur la peinture sèche de façon à en modifier la couleur. La superposition des couleurs produit une troisième teinte et confère au tableau une profondeur et une luminosité exceptionnelles. L'acrylique se prête admirablement à cette technique. Son temps de séchage court permet de réaliser rapidement des glacis et de les superposer à volonté.

COUCHE DE BASE

Appliquez au pinceau langue de chat de l'outremer français dilué avec de l'eau sur le support.

Réalisez des bandes horizontales se chevauchant.

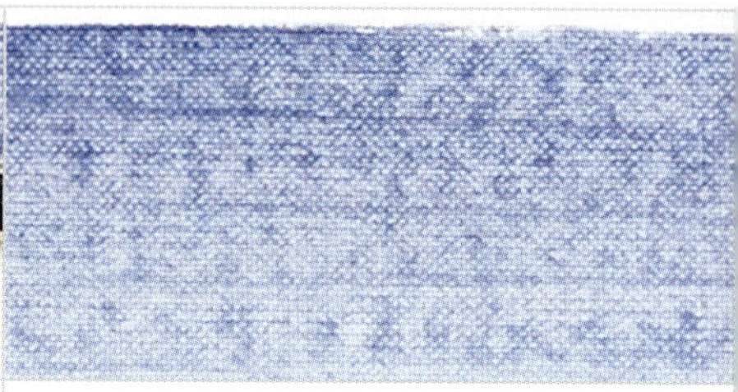

Une fois le lavis réalisé, attendez qu'il sèche complètement.

PREMIER GLACIS

Nettoyez le pinceau, puis peignez sur le bleu une bande verticale de jaune de Hansa clair dilué.

Travaillez le lavis jaune en réalisant des bandes verticales se chevauchant.

Le bleu scintille sous le jaune, créant un vert jaunâtre très doux.

DEUXIÈME GLACIS

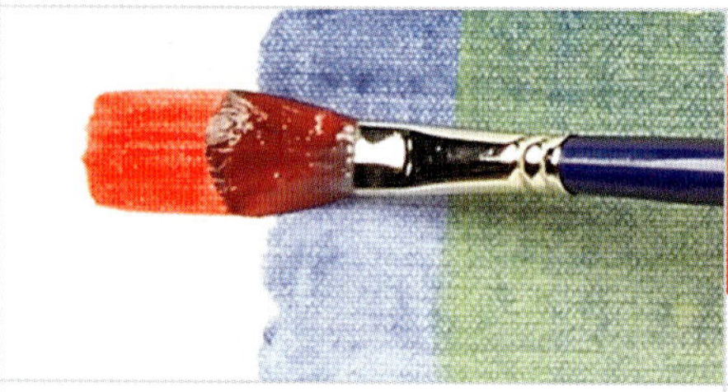

Nettoyez le pinceau, puis appliquez du rouge de cadmium foncé dilué sur les couches précédentes.

Travaillez le lavis rouge en réalisant des bandes horizontales se chevauchant.

Sur le bleu, le rouge apparaît violet. Sur le vert jaunâtre, il forme de l'orangé.

DERNIER GLACIS

Nettoyez le pinceau, puis appliquez du bleu de phtalocyanine dilué sur l'orangé.

Réalisez un petit carré bleu de phtalocyanine.

La couleur produite est un vert sourd et foncé, idéal pour les zones d'ombre.

BLEU SUR BLEU

Réalisez un lavis horizontal outremer français. Appliquez-y, une fois sec, du bleu phtalo dilué.

Travaillez le lavis bleu phtalo en bandes verticales se chevauchant.

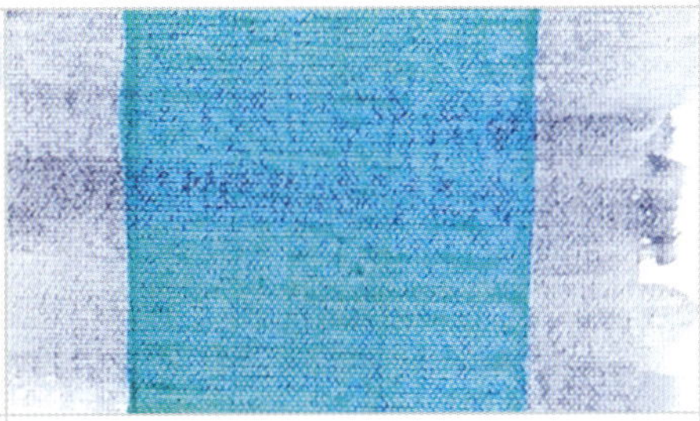

Le mélange des deux couleurs crée un bleu aigue-marine parfait pour une piscine.

JAUNE SUR BLEU

Une fois le bleu phtalo sec, appliquez du jaune de Hansa clair dilué sur les lavis précédents.

Travaillez le jaune en bandes horizontales se chevauchant.

Le jaune se combine aux deux bleus en des verts jaunâtres sourds.

UTILISATION DES GLACIS

Des glacis ont été réalisés ici pour créer ces motifs de poissons rouges. La superposition de zones de glacis foncés, en couches d'orange indien et de magenta moyen, produit des ombres sur les poissons, suggérant leur volume.

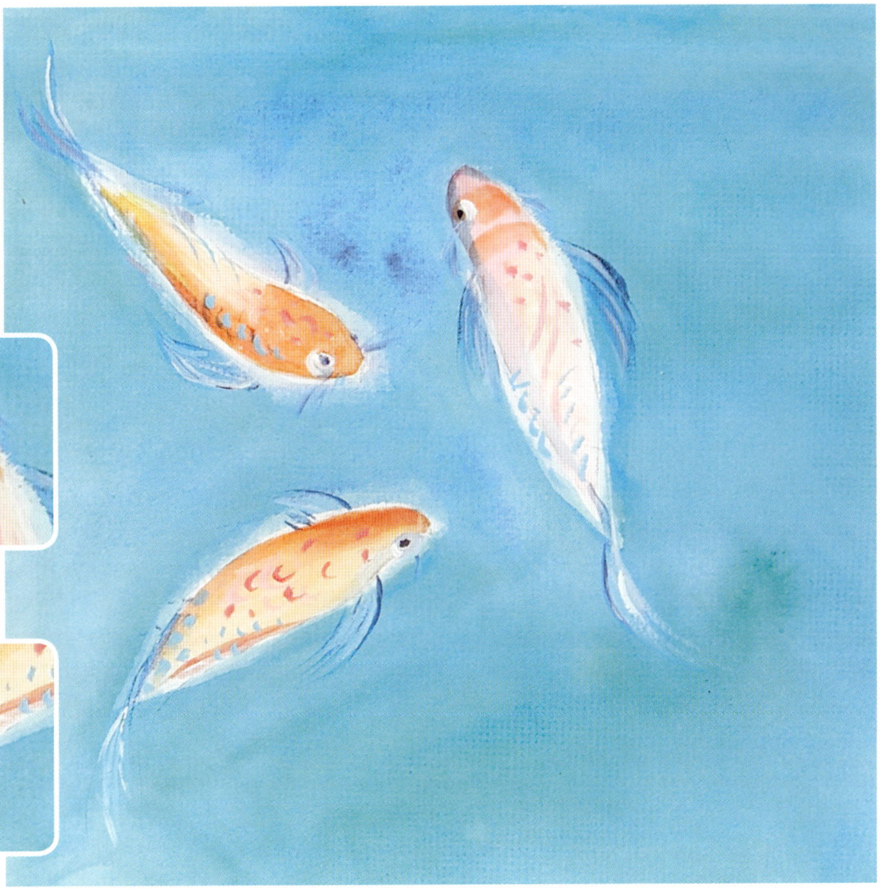

Glacis d'orange indien sur du magenta moyen

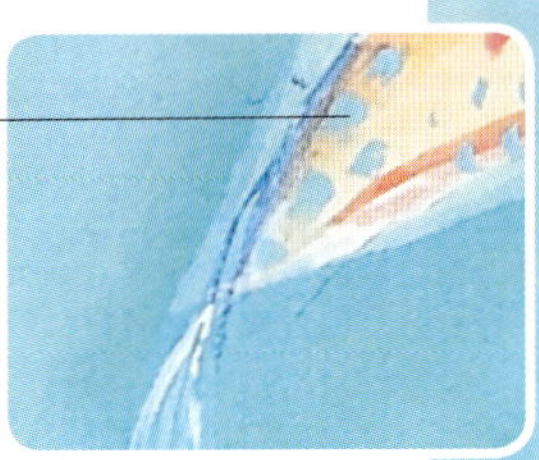

Glacis de bleu phtalo sur du jaune de cadmium foncé

Créer des textures

Simple à réaliser avec l'acrylique, une surface tactile texturée peut donner vie à un tableau. Pour des textures subtiles, utilisez la technique du pinceau sec, qui consiste à appliquer délicatement la peinture non diluée. Pour des effets plus prononcés, privilégiez la pâte de texture, qui se dépose à l'aide d'un couteau à peindre. Les textures plus travaillées requièrent la dilution de la peinture à l'aide de médium.

TECHNIQUE DU PINCEAU SEC

Le travail au pinceau sec permet de réaliser des traits de couleur texturés. Mélangez votre peinture, en ajoutant éventuellement un peu d'eau, puis donnez de légers coups de pinceau sur votre support. Optez de préférence pour un support à gros grain.

Le grain du support se révèle.

La peinture non diluée, collante, n'adhère qu'aux aspérités du support texturé. Idéal pour représenter des plumes.

PÂTE DE TEXTURE

Pour des textures épaisses, ou empâtements, utilisez de la pâte de texture ou gel d'empâtement. Cette pâte se manipule à l'aide d'un couteau à peindre et peut être appliquée directement sur le support ou ajoutée à la peinture. Elle permet, par exemple, de donner du relief aux nuages qui ressortent ainsi dans le ciel et peut conférer aux bâtiments un réalisme saisissant.

Pâte de texture appliquée sur le support, puis recouverte de peinture.

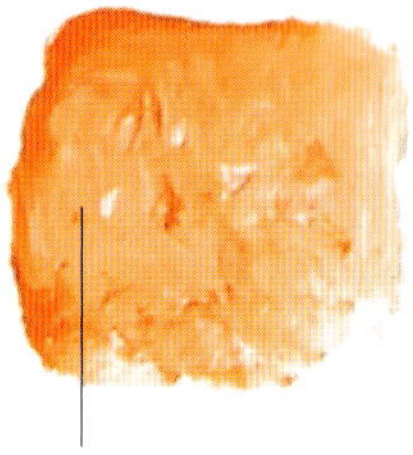

Pâte de texture mélangée à la peinture, puis appliquée sur le support.

La pâte de texture a été appliquée directement sur le support au couteau à peindre. Les rochers ont ensuite été couverts d'un lavis bleu-vert, et l'écume d'un léger lavis bleu.

/ARIATION D'ÉPAISSEURS

;acrylique est très polyvalente. Vous pouvez loisir recouvrir une texture aqueuse d'une paisse couche de couleur ou appliquer des avis sur une généreuse couche de peinture paque.

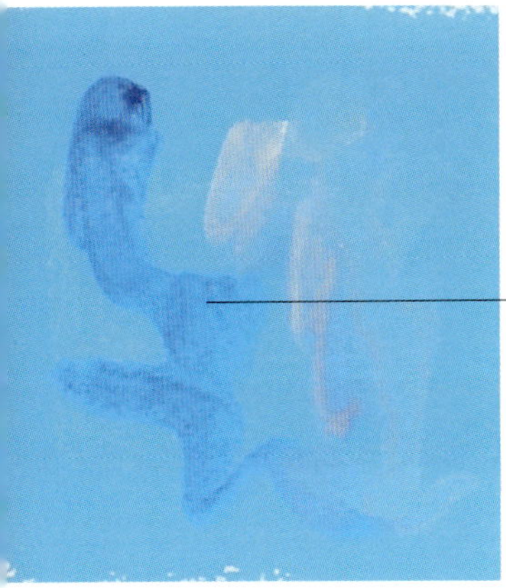

Diluée au médium, la peinture crée des lavis subtils laissant transparaître la couleur de fond.

Du blanc de titane, additionné de médium, superposé à une épaisse couche de peinture.

;ouches fines sur couche épaisse Ci-contre, un mélange ìpais de vert de phtalocyanine et bleu clair a été appliqué pour ;réer le fond opaque. La fleur est constituée de fines couches le couleur semi-transparente.

La peinture épaisse crée des traits texturés.

La forme de la fleur est née de larges coups de pinceau chargé de blanc de titane.

Les lavis initiaux produisent de plaisants motifs.

Couche épaisse sur couches fines Ici, le fond est constitué de lavis très dilués de vert de phtalocyanine et violet dioxazine. _a fleur a ensuite été peinte en blanc de titane pur, appliqué en couche épaisse.

Composition

La composition d'un tableau est une étape essentielle. Le cadrage du sujet doit être harmonieux, et l'emplacement des centres d'intérêt mûrement réfléchi. Si ces derniers sont centrés, le tableau peut, en effet, paraître trop statique ; à l'inverse, s'ils sont situés près du bord, la composition peut sembler déséquilibrée. La règle des tiers vous aidera à positionner correctement les centres d'intérêt.

VISEUR

Pour fabriquer un viseur, tenez devant le sujet deux morceaux de carton en L de manière à former un rectangle. Vous pouvez facilement modifier la taille et la forme du viseur en écartant ou en rapprochant les deux cartons. Le cadrage choisi vous permettra de déterminer le format du support.

Cadrez le sujet en déplaçant les deux parties du viseur

FORMAT

Le format – la forme du support – est primordial dans la composition. Les exemples ci-dessous montrent la manière dont il influence notre regard. Les formats présentés ici se limitent au portrait (rectangle vertical), au paysage (rectangle horizontal) et au carré, mais vous pouvez également choisir un format circulaire, ovale ou panoramique (long rectangle horizontal).

Format paysage L'utilisation d'un format horizontal permet d'inclure un premier plan plus important. L'œil s'attarde davantage sur la végétation avant de passer au champ.

Format carré Ici, l'œil est attiré par la bâtisse, au loin, et la silhouette solitaire qu'encerclent les arbres, buissons et broussailles.

Format portrait Ce format vertical souligne les sillons verticaux du champ. L'œil s'y intéresse immédiatement, passant rapidement sur le premier plan.

LA RÈGLE DES TIERS

Lors de l'élaboration de la composition, pensez à utiliser la règle des tiers. Divisez votre support à l'aide d'un crayon de façon à obtenir une grille de neuf cases. Placez ensuite les éléments importants de votre tableau, tels que les détails intéressants ou les zones de contraste, aux intersections des lignes. Avec la pratique, vous parviendrez rapidement à déterminer ces emplacements de manière instinctive.

Le visage, partie la plus importante de la silhouette, est placé au niveau de l'intersection supérieure droite.

Les fruits colorés sont situés à l'intersection inférieure gauche.

La main, détail intéressant, correspond à l'intersection inférieure droite.

Vendeuse sur un marché Dans cette esquisse, trois des quatre points d'intersection sont occupés par des éléments importants. Notez également que la silhouette forme une diagonale dynamique du coin supérieur droit au coin inférieur gauche.

Esquisses

Considérez votre carnet de croquis comme un journal graphique vous permettant d'expérimenter de nouvelles techniques et de nouveaux sujets. Consignez-y systématiquement les scènes et décors qui vous frappent. Vous n'aurez parfois le temps de griffonner que quelques traits, mais ils vous permettront de vous remémorer un lieu et un moment. Si vous disposez de temps, n'hésitez pas à vous lancer dans une étude plus poussée. Réalisez également des esquisses préparatoires sur votre toile pour vous guider.

ESQUISSES ET CARNETS DE CROQUIS

Il existe des carnets de croquis de toutes tailles et de toutes formes. Portez votre choix sur un carnet compact, doté d'une couverture robuste, en prévision de vos déplacements. Si vous envisagez d'y réaliser des lavis, optez pour un carnet comportant des feuilles de papier aquarelle épais.

Esquisse de projet

Le croquis préliminaire d'un tableau ne doit pas être trop détaillé. Contentez-vous de dessiner les contours.

Ce croquis préliminaire du projet Bateau sur la plage *(voir pp. 110-115)* a été réalisé directement sur le support avant la mise en peinture.

Esquisse de paysage

Vous pouvez ignorer la spirale de votre carnet de croquis et opter pour un format panoramique, idéal pour les paysages.

Les lavis de couleur réalisés rapidem créent une esquisse très vivante.

UTILISATION DES ESQUISSES

Les esquisses sont d'une aide précieuse en peinture. Elles ont pour avantage, par rapport aux photographies, de vous contraindre à prendre des décisions essentielles concernant le tableau final, notamment les éléments à inclure ou à exclure de la composition, ainsi que les couleurs à mettre en avant. En un mot, elles vous obligent à faire des choix.

Esquisse au crayon

Lors de l'esquisse, pensez au format de la composition. Ici, le format presque carré concentre le regard sur la baie.

Esquisse en couleur

Si vous avez le temps, agrémentez votre esquisse de lavis. Inutile de trop vous appliquer, considérez-les simplement comme des repères.

Tableau final

Les tons sombres du premier plan sont constitués de bleus, verts et violets.

L'artiste a ici intégré une étendue plus vaste de ciel pour que l'œil flâne sur l'horizon. Ne vous laissez pas brider par vos esquisses : elles constituent uniquement un point de départ.

Couleur

« Stimulantes ou apaisantes, les couleurs agissent sur l'atmosphère d'une peinture. »

Choix des couleurs

La couleur représente, pour le peintre, un moyen d'expression. Affectant directement les émotions, la palette choisie peut viser à apaiser ou à stimuler. Il est donc primordial de définir l'atmosphère et les couleurs du tableau avant de commencer à peindre. Si vous tentez de reproduire toutes les couleurs du sujet, le tableau sera peu harmonieux. Préférez une palette limitée. Une paire de couleurs complémentaires suffit amplement à produire un résultat plus que satisfaisant.

COULEURS COMPLÉMENTAIRES

Dans un tableau, les couleurs s'influencent mutuellement et réagissent différemment selon leur emplacement. En trop grand nombre, elles provoquent un véritable chaos. Soyez donc sélectif et limitez-vous à une paire de couleurs complémentaires – bleu et orangé, rouge et vert ou jaune et violet. Appliquées côte à côte, ces couleurs se sublimeront réciproquement, tandis que mélangées, elles produiront une variété infinie de subtiles nuances sourdes.

Bleu et orangé

L'intense arrière-plan bleu contraste merveilleusement avec l'orangé, complémentaire, du sari de la porteuse d'eau.

Jaune et violet

Couleur réfléchissante, le jaune crée des zones lumineuses dans cette nature morte qui n'utilise qu'une seule paire de couleurs complémentaires.

Rouge et vert

Les hampes de fleurs rouges du premier plan mettent en valeur les verts complémentaires des nénuphars.

COULEURS ANALOGUES

Les couleurs proches les unes des autres sur le cercle chromatique sont dites analogues. Naturellement harmonieuses, elles offrent des transitions presque imperceptibles. Le jaune, l'orangé et le rouge, par exemple, sont des couleurs analogues. Bien qu'elles soient stimulantes en elles-mêmes, l'ajout d'une touche de bleu-vert permet de leur imprimer un certain dynamisme. Le vert froid, le bleu et le bleu-violet sont également des couleurs analogues, qui inspirent une sensation d'apaisement et de sérénité.

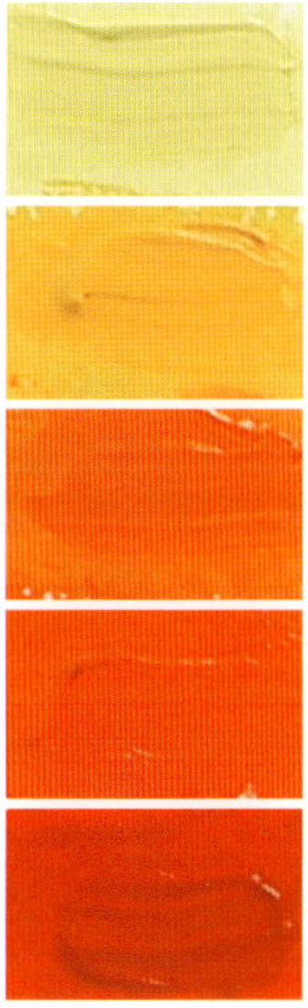

Jaunes et rouges Ces couleurs ont tendance à fusionner visuellement lorsqu'elles sont juxtaposées, créant un effet harmonieux à la fois chaud et imposant.

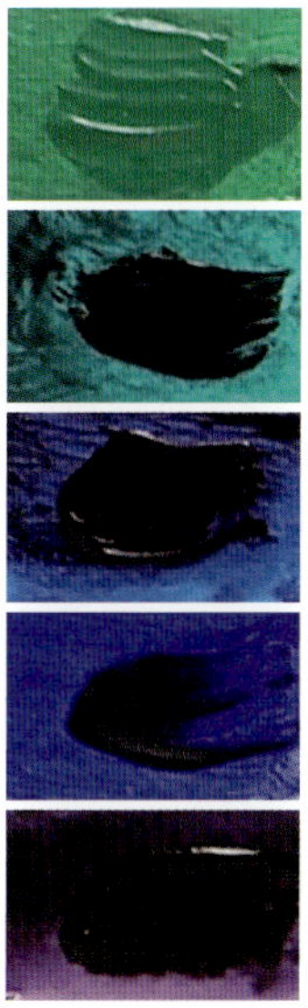

Bleus et verts Ces couleurs analogues constituent la palette de base du tableau ci-dessous. Les touches sombres résultent d'un épais empâtement appliqué sur une fine couche de peinture.

Teintes harmonieuses Une palette restreinte de bleus et verts reproduit la lumière du soir. La silhouette vêtue de bleu s'harmonise avec les couleurs analogues qui l'entourent et contribue à l'atmosphère sereine du tableau.

Sur la rambarde, la touche de couleur plus chaude fait ressortir la froideur des autres couleurs.

Galerie

Selon leurs combinaisons, les couleurs peuvent créer un effet saisissant ou reposer l'esprit, comme le démontre cette sélection de tableaux.

▲ Lakeside reflection

Le tiers supérieur de ce paysage se décline en une palette de bleus et verts. Les éclats de rose doux contrastent avec les teintes froides des arbres et du ciel et avec les couleurs plus sombres du premier plan. *Wendy Clouse*

◀ Golden valley

Les couleurs intenses confèrent un effet dramatique à ce tableau dépouillé. L'orange doré chaud du premier plan est mis en valeur par l'ombre violette, couleur complémentaire, qui s'y projette. *Paul Powis*

▲ Honesty and tulips

La vitalité de ce tableau résulte du jeu des couleurs primaires et secondaires. Le rouge et le vert complémentaires contrastent fortement, tandis que les combinaisons de violet et jaune et de bleu et orangé avantagent subtilement les couleurs primaires vives. *Phyllis McDowell*

◀ Pomelos II

Cet étal de fruits expose au regard d'appétissantes couleurs. Le vert doux des pommes du premier plan contraste avec les chaudes couleurs orangé, rouge et jaune des autres fruits de la composition. *Dory Coffee*

Lac St. Croix ▶

La vive bande bleu outremer figurant l'eau apaise l'œil en mettant en valeur les toits orangés, qui ressortent fortement sur la toile de fond bleue. Les collines de l'arrière-plan reprennent ces mêmes couleurs, dans une version plus pâle suggérant l'éloignement. *Clive Metcalfe*

◀ Kingsdown II

Ce tableau utilise une palette de couleurs analogues. Les bleus et les verts, proches sur le cercle chromatique, produisent une atmosphère froide, dont l'intensité est renforcée par la position stratégique des jaunes chauds. *Clive Metcalfe*

1 Bouquet de fleurs

Libéré de toute précision botanique, ce tableau privilégie la couleur et le dynamisme des fleurs, dans une composition florale alternant coups de pinceau vifs et délicats. Les zones d'orangé et de rouge vifs sont rehaussées par la présence des bleus froids, formant une palette de couleurs complémentaires à laquelle font écho les lavis de l'arrière-plan. La forme géométrique du vase, elle, est rendue par un dégradé de couleur. Le relief des fleurs et les ombres projetées sur le plateau de la table sont suggérés par des glacis.

MATÉRIEL

- Papier aquarelle pressé à froid
- Pinceaux et brosses : plates nos 6 et 8, ronds nos 8 et 12, fin n° 1
- Crayon 2B
- Médium
- Orange indien, jaune de cadmium foncé, rouge de cadmium foncé, blanc de titane, bleu clair, bleu phtalo, magenta moyen

TECHNIQUES

- Glacis
- Moucheture

ESQUISSE DE LA COMPOSITION

Esquissez légèrement les contours de la composition afin de déterminer l'emplacement du vase et la forme des fleurs *(voir p. 47)*. Inutile de détailler chaque fleur à ce stade.

1 Peignez, à la brosse plate n° 6, la première fleur en orange indien dilué au médium, et la suivante en jaune de cadmium foncé dilué au médium. Appliquez un mélange orange indien + rouge de cadmium foncé sur les petites fleurs, puis ajoutez progressivement du blanc de titane pour les autres.

ÉTAPES DU PROJET

2 Colorez les grosses fleurs en blanc de titane + bleu clair à la brosse plate n° 8. Ajoutez du bleu phtalo au mélange pour les petites zones. Pour les petites fleurs et le cœur de la fleur bleue du milieu, réalisez un mélange rose-mauve de magenta moyen + blanc de titane.

GLACIS

Pour garantir la transparence de votre glacis, assurez-vous que l'eau ne comporte aucune trace de peinture blanche.

3 Réalisez un glacis bleu phtalo + médium sur le vase. Humidifiez la zone à gauche des fleurs à l'aide d'un pinceau rond n° 12 propre, puis appliquez du bleu clair, mouillé sur mouillé, pour obtenir des bords diffus.

4 Peignez en bleu clair, mouillé sur mouillé, la zone près du vase. Travaillez l'arrière-plan avec les couleurs des fleurs. Utilisez le mélange rose-mauve, puis magenta + orange indien, mouillé sur mouillé.

5 Appliquez au pinceau rond n° 12 un mélange bleu phtalo + bleu clair pour compléter les vides du bouquet et suggérer les tiges et les feuilles. Colorez le cœur de la fleur orangée en bleu clair, au pinceau rond n° 8.

6 Travaillez certaines parties des fleurs avec un glacis bleu clair + blanc de titane additionné de médium. Appliquez ce même mélange autour de quelques-unes des fleurs.

7 À la base du vase, posez un gris (mélange de complémentaires – bleu phtalo + orange indien). Ajoutez-y du médium pour réaliser les ombres mouchetées sur la table.

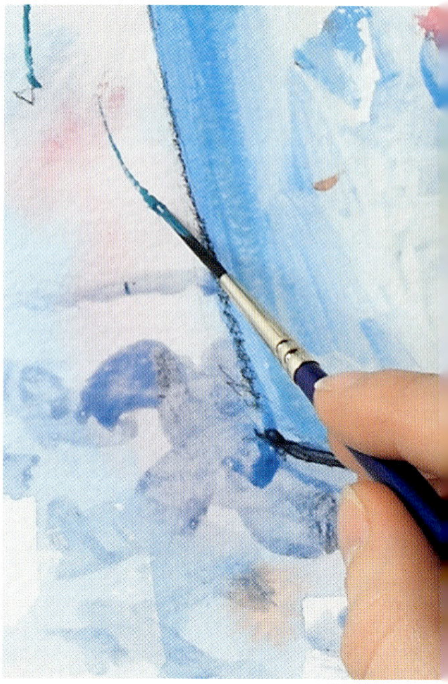

8 Créez des points bleu phtalo + bleu clair. Avec le mélange gris, définissez des tiges au pinceau fin n° 1, puis délimitez des zones blanches pour figurer de petites fleurs. Peignez de fines tiges avec le mélange bleu clair.

9 Colorez le cœur de la fleur orangée en bleu phtalo. Équilibrez la composition en ajoutant de petites touches sombres bleu phtalo dans le bas du bouquet. Réalisez des mouchetures bleu phtalo au pinceau rond n° 8.

Bouquet de fleurs ▶

Cette peinture florale, exécutée avec rapidité et spontanéité, inspire une joyeuse effervescence. Le blanc des zones de papier épargnées scintille magnifiquement au cœur des couleurs vives.

2 Côte rocheuse

Dans ce paysage de mer et de rochers, la palette de couleurs analogues crée une sensation de placide harmonie. L'outremer du ciel s'éclaircit progressivement en se rapprochant de l'horizon, suggérant la distance. Du médium a été ajouté aux bleus et aux verts pour réaliser la sous-couche de la mer : une fois sèche, celle-ci a été recouverte de glacis des mêmes couleurs froides additionnées de médium pour lui conférer une profondeur très réaliste. Le rouge orange du fanion du mât ressort vivement, renforçant l'intensité de la palette de couleurs analogues.

MATÉRIEL

- Papier aquarelle pressé à froid
- Pinceaux : ronds n°s 8 et 12, fin n° 1
- Crayon 2B
- Médium
- Outremer français, vert phtalo, bleu clair, blanc de titane, rouge de cadmium clair, bleu phtalo, jaune de Hansa clair, orange indien

TECHNIQUES

- Mouillé sur mouillé
- Glacis

1 Esquissez la composition au crayon 2B *(voir p. 51)*. Humidifiez la zone du ciel au pinceau rond n° 12, puis appliquez-y un lavis outremer français. Réalisez des lignes horizontales outremer français sur la partie sèche de la mer.

2 Peignez la mer en vert de phtalocyanine au pinceau rond n° 12. Diluez davantage le vert de phtalocyanine à l'eau, puis repassez sur la partie inférieure de la mer afin de réaliser un dégradé.

ÉTAPES DU PROJET

3 Créez des traînées vert phtalo en bas du tableau, et des traînées bleu clair + blanc de titane plus haut sur la mer. Peignez une ligne d'horizon blanc titane pour traduire l'éloignement.

4 Appliquez un glacis vert phtalo + blanc de titane + médium sur la mer. Diminuez la quantité de blanc de titane à mesure que vous approchez de la base du tableau pour plus de réalisme.

5 Colorez les collines distantes en outremer français + rouge de cadmium clair + bleu clair + blanc de titane. Ajoutez une pointe de vert phtalo aux collines de gauche, plus proches.

6 Peignez les rochers éloignés de gauche en gris argenté (outremer français + rouge de cadmium clair + blanc de titane). Ajoutez du blanc pour colorer les rochers de droite par petits coups de pinceau vers le haut. Ajoutez à nouveau du blanc pour les rochers proches, à gauche, et quelques touches sur ceux de droite.

7 Tracez une ligne vert phtalo à la base des rochers. Ajoutez d'épaisses touches de blanc de titane pour représenter l'écume des vagues. Assombrissez le premier rocher de gauche du mélange argenté renforcé de blanc de titane. Détaillez l'écume et les reflets en blanc de titane au pinceau fin n° 1.

8 Peignez le haut de la coque en bleu phtalo + jaune de Hansa clair, et la partie basse en outremer français. Ajoutez du blanc de titane à la base. Peignez les ombres de la coque et le mât en outremer français + rouge de cadmium clair.

9 Ajoutez du bleu phtalo sous les vagues. Posez un glacis vert phtalo + médium sur la mer pour renforcer l'impression de profondeur. Appliquez un glacis outremer français + médium à la base du tableau.

« Les superpositions accentuent la profondeur. »

10 Rajoutez de l'outremer français sur la droite du ciel. Peignez trois mouettes dans le ciel au pinceau rond n° 8 avec un mélange vert phtalo + rouge de cadmium clair + outremer français : leur taille détermine leur éloignement. Soulignez-les de blanc de titane.

11 Réalisez le gréement avec le mélange précédent. Peignez des lignes figurant les vagues en vert phtalo + outremer français. Soulignez leur crête de blanc de titane. Colorez le fanion en orange indien.

▼ Côte rocheuse

Ce paysage marin harmonieux combine couleurs analogues, mouillé sur mouillé et glacis pour capturer la profondeur de la mer, dont l'écume à la base des rochers traduit le mouvement perpétuel.

3 Voûte fleurie

Véritable plaisir pour les yeux, les jardins en fleurs sont souvent plus faciles à représenter s'ils intègrent une construction. Dans ce tableau, la voûte et le mur anciens font office de cadre à cette scène reposante. Des couleurs analogues et complémentaires ont été utilisées pour dépeindre l'exubérante floraison contrastant avec le mur impassible aux teintes neutres. L'arrière-plan plus pâle et plus imprécis inspire un sentiment d'espace. La technique de l'éponge crée un feuillage vaporeux, et le mouillé sur mouillé apporte une sourde douceur à l'ensemble.

MATÉRIEL

- Carton pour encadrement, texturé
- Pinceaux et brosses : ronds n°s 8 et 12, plates n°s 2 et 10, fin n° 1
- Crayon 2B ou bâtonnet de fusain
- Éponge
- Médium
- Jaune de Hansa clair, blanc de titane, violet dioxazine, vert phtalo, bleu clair, rouge de cadmium clair, bleu phtalo, jaune de cadmium foncé, orange indien, rouge de cadmium foncé, magenta moyen, outremer français

TECHNIQUES

- Peinture à l'éponge
- Mouillé sur mouillé

COULEURS ANALOGUES

Les couleurs analogues s'harmonisent naturellement et aident à définir l'atmosphère d'un tableau. Ici, jaunes, orangé et rouges chauds renforcent l'éclat des fleurs.

1 Esquissez la composition au crayon ou au fusain (*voir p. 55*). Peignez le ciel au pinceau rond n° 12 d'un mélange jaune de Hansa clair + blanc de titane. Ajoutez-y du violet dioxazine et repassez sur le ciel.

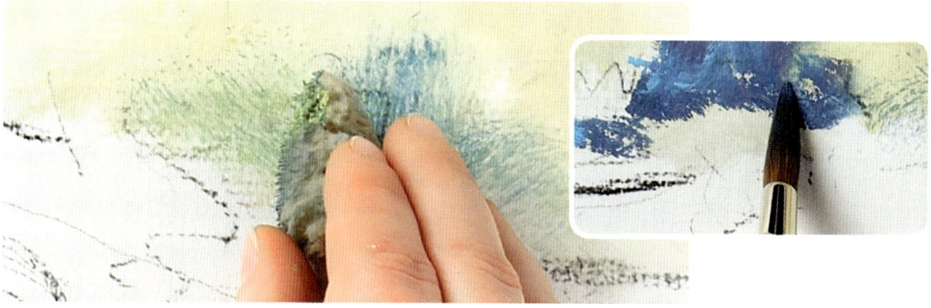

2 Suggérez le feuillage derrière le mur au pinceau rond n° 12 avec un mélange vert phtalo + violet dioxazine + une touche de blanc de titane. Utilisez une éponge pour étaler et estomper ce même mélange.

ÉTAPES DU PROJET

3 Posez un lavis bleu clair + violet dioxazine + un peu de rouge de cadmium clair sur le mur. Ajoutez du vert phtalo et colorez le feuillage sur le mur. Peignez les feuilles sombres en vert + bleu phtalo, avec du jaune de Hansa clair sur les plus claires.

4 Appliquez du jaune de Hansa clair + violet dioxazine sous la voûte, puis du vert phtalo et un mélange vert phtalo + violet dioxazine, mouillé sur mouillé, sur les feuilles. Laissez sécher et peignez les arbres au pinceau fin avec ce mélange complété de bleu clair.

5 Détaillez les ombres et pierres du mur en violet dioxazine et vert phtalo. Ajoutez des fleurs jaune de cadmium foncé + blanc de titane, orange indien, jaune de cadmium foncé + orange indien, rouge de cadmium clair et rouge de cadmium foncé.

6 Peignez le premier plan en jaune de cadmium foncé. Ajoutez un mélange de bleu clair + blanc de titane. Pour les fleurs du plan intermédiaire, utilisez de généreuses touches de jaune de cadmium foncé et blanc de titane.

7 Suggérez les fleurs de droite au pinceau rond n° 12 chargé de magenta moyen dilué, et le feuillage avec du vert phtalo + bleu clair. Ajoutez à la brosse n° 2 des touches opaques de magenta moyen + blanc de titane pour accentuer le relief.

8 Colorez les feuilles en vert phtalo + jaune de Hansa clair. Complétez ce mélange de rouge de cadmium clair pour celles de droite. Peignez les fleurs en outremer français et blanc de titane, ajoutez des points blanc de titane, puis, après séchage, des points outremer français + médium.

9 Mouillez la gauche du premier plan, puis peignez, au pinceau rond n° 12, des fleurs et des feuilles en bleu phtalo et vert phtalo. Utilisez du magenta moyen et un mélange blanc de titane + bleu clair pour ajouter des fleurs. Colorez celles de droite en rouges de cadmium foncé et clair.

10 Suggérez, au pinceau fin n° 1, les feuilles et les tiges en vert phtalo et bleu clair. Ajoutez des détails rouge de cadmium foncé plus bas sur le mur. Ombrez de violet dioxazine et de vert phtalo l'arrière des fleurs jaunes de gauche. Adoucissez le bord de ces fleurs avec un mélange bleu clair + blanc de titane. Appliquez du vert phtalo dilué sur le dessus des fleurs jaunes de droite.

Voûte fleurie ▸

Ce tableau d'éclatantes fleurs estivales devant un mur aux teintes neutres sous un ciel doré a été étudié pour conduire l'œil de l'autre côté de la voûte, vers un espace laissant libre cours à l'imagination.

Lumière

« L'éclairage est essentiel : il influence les formes et les couleurs. »

Travail de la lumière

Dans un tableau, la lumière joue un rôle essentiel. La position de sa source (derrière le sujet, face à lui ou sur son côté) influence l'apparence des couleurs, des détails et des textures. L'éclairage peut également modifier l'atmosphère générale de l'œuvre. La lumière artificielle, émanant d'une lampe ou d'une bougie, est plus facile à maîtriser que l'éclairage naturel, dont la qualité et la direction changent en permanence, ce qui oblige à travailler rapidement.

LUMIÈRE DIRECTIONNELLE

Selon la direction de la lumière, qu'elle soit naturelle ou artificielle, un même sujet peut apparaître de manière complètement différente. Un éclairage en contre-jour offre des formes définies très marquées mais masque les détails des surfaces. Éclairé de face, le sujet est clair et vif, révélant pleinement ses couleurs, ses motifs et ses textures. Lorsque la lumière provient du côté, le relief et le volume du sujet sont accentués, et les couleurs, motifs et textures s'affichent discrètement. En peinture, le jeu de l'ombre et de la lumière est un aspect primordial.

Éclairage en contre-jour

Les contours du vase et l'ombre verticale sont très nets.

Éclairage frontal

Le décor et la forme du vase sont mis en valeur.

Éclairage latéral

Le volume et le relief du vase sont pleinement révélés.

LUMIÈRE ARTIFICIELLE

Lorsque vous peignez en intérieur, vous pouvez contrôler l'éclairage du sujet en recourant à une lumière artificielle. Une lampe de bureau orientable, par exemple, permet de choisir la direction de la lumière. Sa position détermine l'apparence de votre sujet : vous pouvez ainsi projeter des ombres ou mettre en avant certaines zones.

Nature morte éclairée du dessus La lampe éclaire les fleurs d'en haut, magnifiant leurs couleurs flamboyantes. Le côté de la bouteille reçoit une lumière diffuse. Quant aux zones non éclairées, elles sont plongées dans l'ombre.

LUMIÈRE NATURELLE

Dans la nature, les paysages changent d'apparence avec la course du soleil, affectant l'impact, les motifs et la composition d'un tableau. La lumière du soir n'a rien à voir avec celle du matin. Le jeu d'ombre et de lumière, les couleurs et leurs relations évoluent sensiblement au cours d'une journée, mais également d'un jour à l'autre. Lorsque vous contemplez un paysage, étudiez la lumière et utilisez vos observations pour capturer des instants magiques.

La lumière du matin offre des couleurs sourdes et douces.

Les détails du tronc se distinguent à peine.

Arbres à l'aube La lumière du petit matin dévoile les douces couleurs naturelles des troncs et du sol. La texture des surfaces est à peine visible. À mesure que le soleil se lève, l'éclairage frontal s'intensifiant progressivement, les couleurs s'avivent et les détails se révèlent.

La lumière du soir revêt le ciel d'une lumineuse couleur dorée.

L'éclairage en contre-jour masque les détails des troncs et découpe les contours sur le ciel.

Arbres au crépuscule Le soleil se couche à l'arrière des arbres. Le ciel apparaît d'un doré lumineux, et les arbres et le premier plan se limitent à des silhouettes vert-violet aux tons froids. Les fines branches et les brindilles composent des motifs complexes qui se détachent sur le ciel blafard.

Galerie

L'éclairage du sujet – frontal, en contre-jour ou latéral – a une influence capitale sur l'effet produit par un tableau.

Blue wall and red door ▶

L'intense éclairage frontal révèle chaque détail de la porte, des fenêtres et du rideau. Les motifs du sol et la texture des murs sont parfaitement distincts. La lumière confère à l'ensemble une dimension théâtrale. *Nick Harris*

▼ Bluebells and yellow flowers

L'éclairage frontal direct illumine les couleurs naturelles des fleurs et feuilles, rehaussées par les motifs du vase et l'arrière-plan. La technique de l'empâtement renforce la puissance des couleurs. *Sophia Elliot*

▲ On the road to Chestertown

L'éclairage latéral souligne les bords marqués du chien et des jambes, formant des motifs contrastés de tons moyens et sombres. Le contour des oreilles du chien se détache nettement sur le ciel bleu. *Marjorie Weiss*

◀ Hats

Cette nature morte d'une vitrine de chapellerie est éclairée artificiellement. Les couleurs et textures sont ainsi mises en valeur. Le tressage du chapeau de paille, très net, contraste avec le ruban de satin rouge. *Rosemary Hopper*

▼ Winchelsea sunset

L'éclairage en contre-jour du soleil couchant crée ici un effet saisissant. Le premier plan affiche de riches mélanges de couleurs sombres. À l'horizon, une bande orange rosé étincelante balafre les bleus froids du ciel. *Christopher Bone*

4 Poires au bord d'une fenêtre

L'éclairage en contre-jour découpe des silhouettes, comme dans cette étonnante réalisation de trois poires insolemment posées sur le rebord d'une fenêtre, sur fond de ciel bleu et violet. Les fruits sont représentés avec précision, et leurs queues conduisent le regard à travers la composition. La position des poires et l'espace les séparant sont essentiels à l'équilibre du tableau. La lumière qui illumine la mince bande du rebord contraste avec le noir riche, créé par superpositions de glacis de couleurs foncées, lumineuses et transparentes.

MATÉRIEL

- Carton entoilé
- Pinceaux et brosses : ronds n°s 8 et 12, langue de chat n° 12, plate n° 2, fin n° 1
- Ruban à masquer, médium brillant, bâton de craie
- Bleu phtalo, magenta moyen, blanc de titane, bleu clair, jaune et rouge de cadmium foncé, vert phtalo, jaune de Hansa clair

TECHNIQUES

- Estompage
- Bords nets
- Création de noir

1 Recouvrez le cadre de la fenêtre de ruban à masquer. Peignez le ciel d'un mélange bleu phtalo + magenta moyen + blanc de titane. Incorporez du blanc de titane et ajoutez une bande chevauchant la précédente. Continuez ainsi avec du bleu clair additionné de quantités croissantes de blanc de titane.

2 Complétez le mélange de jaune de cadmium foncé. Appliquez ce vert clair sous le bleu, en estompant les couleurs pour une transition dégradée. Au-dessous, ajoutez du blanc de titane en l'estompant, puis du magenta moyen pour produire un gris chaud. Laissez sécher.

ÉTAPES DU PROJET

Le ruban à masquer permet de réaliser une ligne nette.

3 Masquez la base du ciel et le rebord de la fenêtre en épargnant la mince bande lumineuse. Peignez cette partie à la brosse plate n° 2 chargée d'un mélange blanc de titane + jaune de cadmium foncé + magenta moyen. Retirez le ruban une fois la peinture sèche.

4 Recouvrez la bande rose de ruban. Appliquez sur le rebord de la fenêtre un glacis rouge de cadmium foncé + médium brillant. Superposez-y un glacis bleu phtalo + médium brillant, puis vert phtalo + médium brillant. Laissez sécher, puis retirez le ruban.

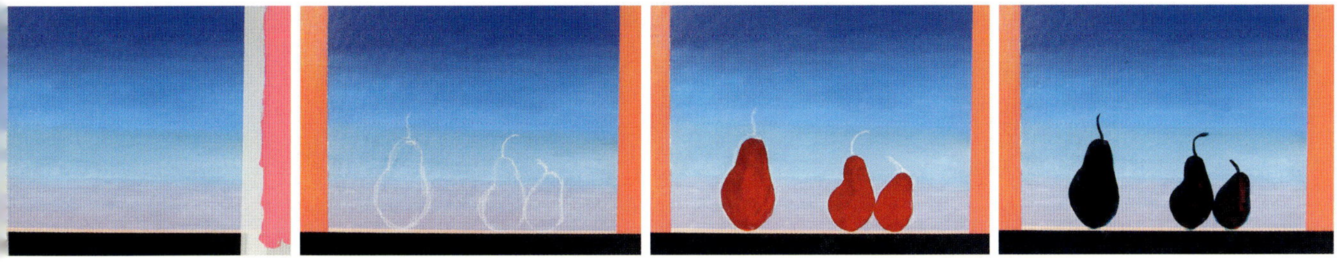

5 Posez du ruban à masquer le long des bords du cadre de la fenêtre. Peignez le cadre en magenta moyen au pinceau langue de chat n° 12, puis recouvrez-le d'un glacis jaune de Hansa clair + médium.

6 Tracez les contours des poires à la craie. Colorez les poires en rouge de cadmium foncé au pinceau rond n° 12, en étirant la couleur jusqu'au rebord pour que les fruits semblent y être posés. Veillez à charger suffisamment de peinture afin de limiter le nombre de coups de pinceau.

7 Réalisez un glacis vert phtalo + médium sur chaque poire. Au pinceau rond n° 8, peignez les bords des fruits du même glacis. Appliquez, sous chaque poire, le mélange vert pour simuler un reflet sur le rebord de la fenêtre.

8 Colorez les queues au pinceau fin n° 1 chargé d'un mélange rouge de cadmium foncé + vert phtalo. Ajoutez des reflets sur les poires au pinceau rond n° 8, avec un glacis vert phtalo + jaune de Hansa clair. Retirez la craie à l'aide d'un pinceau propre humide.

CRÉATION DE NOIR

L'application de vert sur sa couleur complémentaire, le rouge, produit un noir lumineux.

Poires au bord d'une fenêtre

L'utilisation habile de ruban à masquer a permis de créer un fort contraste entre bords nets et estompage graduel. Combiné au contraste entre ombre et lumière, il produit un effet remarquable.

5 Chat parmi les fleurs

Ce chat, tranquillement installé au milieu de fleurs, a été peint sur du carton d'emballage – une surface peu conventionnelle. L'absence d'ombres prononcées résulte de l'éclairage frontal. Les détails des yeux, du museau, de la gueule et des moustaches, représentés de manière très graphique, sont perceptibles car le chat est dans la lumière. La texture de sa fourrure fait appel aux techniques du pinceau sec et du frottis. Les zones de carton non recouvertes et le tracé de lignes spontanées confèrent du dynamisme à la composition.

MATÉRIEL

- Carton
- Pinceaux et brosses : plates nos 6 et 10, ronds nos 8 et 12, fin n° 1
- Médium
- Craie blanche, fusain
- Rouge de cadmium clair, bleu clair, bleu phtalo, rouge de cadmium foncé, magenta moyen, blanc de titane, outremer français, vert phtalo, jaune de cadmium foncé

TECHNIQUES

- Pinceau sec
- Travail au pinceau fin
- Frottis

1 Esquissez la composition à la craie blanche et au fusain (*voir p. 69*). Peignez le chat à la brosse plate n° 10 chargée d'un mélange gris composé de rouge de cadmium clair + bleu clair en définissant les principales zones de couleur.

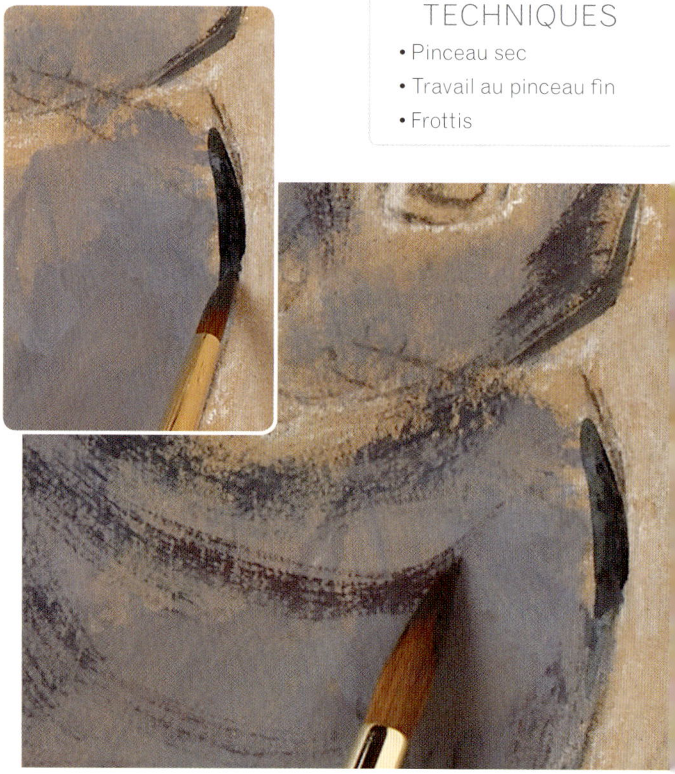

2 Délimitez le contour du chat au pinceau rond n° 8 avec un mélange bleu phtalo + rouge de cadmium clair + rouge de cadmium foncé. Ajoutez du rouge de cadmium foncé au mélange et suggérez, au pinceau sec, les motifs de la fourrure.

ÉTAPES DU PROJET

3 Utilisez sur une partie de l'arrière-plan un mélange dilué bleu phtalo + rouge de cadmium clair. Peignez les fleurs en magenta moyen. Appliquez-y du blanc de titane, mouillé sur mouillé. Mélangez ces deux couleurs pour les petites fleurs. Variez avec du rouge de cadmium clair.

4 Peignez le ciel à la brosse plate n° 10 chargée de bleu de phtalocyanine + rouge de cadmium clair + blanc de titane. Ajoutez de l'outremer français et un peu de blanc de titane pour varier. Utilisez ces deux mélanges pour compléter le ciel.

5 Colorez les feuilles en vert phtalo. Détaillez-les avec un mélange rouge de cadmium clair + vert phtalo. Utilisez du jaune de cadmium foncé, complété de blanc de titane, pour créer des reflets variés.

6 Formez les feuilles en complétant le fond d'un mélange outremer français + blanc de titane. Tracez le contour des fleurs et feuilles en bleu phtalo, rouges de cadmium clair et foncé, avec un décalage suggérant le mouvement.

7 Réalisez des lignes blanc de titane sur les feuilles au pinceau fin n° 1. Ajoutez un peu de magenta moyen et tracez d'autres lignes.

8 Réalisez un glacis blanc de titane + médium sur la tête du chat et frottez la peinture sur le corps. Ajoutez des glacis magenta moyen + bleu clair et rouge de cadmium clair + jaune de cadmium foncé sur la tête. Peignez la truffe en magenta moyen + blanc de titane.

9 Colorez les iris d'un mélange de jaune de cadmium foncé + vert phtalo + blanc de titane, et les pupilles de bleu phtalo + rouge de cadmium clair. Utilisez ce dernier mélange pour souligner les yeux au pinceau fin n° 1.

10 Sur la tête, appliquez par endroits un mélange magenta moyen + rouge de cadmium clair + blanc de titane au pinceau rond n° 12. Assombrissez le fond avec un glacis bleu phtalo + rouge de cadmium clair.

11 Tracez chaque moustache en blanc de titane d'un rapide coup de pinceau fin n° 1. Complétez le ciel d'outremer français enrichi d'un peu de blanc de titane.

Chat parmi les fleurs ▸

L'arrière-plan de ciel bleu, très sobre, les zones de carton réservées et les coups de pinceau sec sommaires sur la fourrure du chat contrastent avec la délicatesse des moustaches et la réalisation minutieuse des feuilles et des fleurs au pinceau fin.

6 Intérieur baigné de soleil

Dans ce tableau, la principale source de lumière, provenant de la fenêtre, illumine les objets en verre transparents posés devant, découpe les éléments de décoration opaques en silhouettes et inonde le plateau lustré de la table. L'empâtement, qui consiste à appliquer d'épaisses couches de peinture, confère du relief aux coups de pinceau. L'acrylique séchant rapidement, les glacis doivent y être appliqués sans attendre. Les dorures du miroir et des poignées du buffet ont été réalisées grâce à l'utilisation de pâte de texture sous les glacis.

MATÉRIEL

- Carton entoilé
- Pinceaux et brosses : ronds nos 8 et 12, plates nos 2 et 8, fin n° 1
- Pâte de texture, médium
- Orange indien, bleu phtalo, blanc de titane, outremer français, jaune de cadmium foncé, rouge de cadmium clair, rouge de cadmium foncé, magenta moyen, jaune de Hansa clair

TECHNIQUES

- Couleurs des ombres
- Glacis

La brosse plate n° 2 permet de peaufiner le travail.

1 Esquissez la composition au crayon (*voir p. 75*). Réalisez un épais mélange orange indien + bleu phtalo + blanc de titane + pâte de texture pour peindre en gris le mur autour du miroir à la brosse plate n° 8. Ajoutez-y du blanc de titane pour le pan de mur complètement à gauche.

2 Ajoutez au premier gris de l'orange indien pour le haut du buffet. Pour la partie avant, complétez-le de bleu phtalo et blanc de titane. Soulignez les tiroirs d'un mélange bleu phtalo + orange indien, et remplissez le reste de mélanges orange indien + bleu phtalo + blanc de titane.

ÉTAPES DU PROJET

3 Appliquez le mélange gris enrichi de blanc de titane sur le mur dans l'ombre, sous la fenêtre et à sa droite. Colorez le ciel au pinceau rond n° 12 avec un mélange outremer français + blanc de titane. Ajoutez un mélange orange indien + blanc de titane et estompez.

« La source de lumière modèle l'atmosphère d'un tableau. »

4 Posez du blanc de titane et un peu de jaune de cadmium sur le cadre de la fenêtre. Utilisez du rouge de cadmium clair pour le vase, du blanc de titane pour la lumière qui le transperce, et un mélange des deux couleurs pour son reflet. Peignez le flacon voisin et son reflet en outremer + médium.

5 Colorez le flacon du milieu en bleu phtalo et rouge de cadmium clair. Ajoutez du médium pour son reflet. Peignez le soliflore en jaune de cadmium et utilisez du blanc pour la lumière qui le transperce. Appliquez sur la coupe du bleu phtalo et du rouge de cadmium clair. Ajoutez du médium pour l'ombre.

6 Peignez le livre du haut en rouge de cadmium foncé, la boîte en rouge de cadmium foncé et blanc de titane, et les étagères avec le mélange gris. Suggérez les livres par des bandes jaune de cadmium foncé, outremer français, bleu phtalo + blanc de titane et rouge de cadmium foncé + outremer français.

7 Utilisez du bleu phtalo et blanc de titane pour le premier dossier, du jaune de cadmium foncé pour le deuxième, et un mélange de ces couleurs pour les trois autres. Colorez les magazines du bas en vert (bleu phtalo + jaune de cadmium foncé) et rouge de cadmium clair.

8 Pour l'abat-jour, mélangez du magenta moyen et de la pâte de texture. Ajoutez du blanc de titane pour ses reflets. Colorez le pied en bleu phtalo + magenta moyen, et son reflet en blanc de titane.

9 Utilisez un mélange magenta moyen + jaune de cadmium foncé + blanc de titane pour le reflet sur la table. Complétez le plateau avec du rouge de cadmium foncé, bleu phtalo, magenta moyen, jaune de cadmium foncé et blanc de titane.

10 Figurez les reflets sombres du miroir en bleu phtalo + médium, et ajoutez du blanc de titane pour les reflets de lumière. Variez en incorporant du rouge de cadmium foncé aux deux couleurs. Suggérez des reflets en grattant la peinture avec le manche d'un pinceau.

11 Peignez l'ombre sur le mur avec un mélange bleu phtalo + rouge de cadmium clair, et celle du cadre en bleu phtalo + rouge de cadmium foncé. Réalisez les dorures du cadre au pinceau rond n° 8 en jaune de cadmium foncé et jaune de Hansa clair avec de la pâte de texture.

12 Colorez le cadre de la fenêtre avec un mélange bleu phtalo + jaune de cadmium foncé. Utilisez un mélange jaune de cadmium foncé + blanc de titane pour la partie claire. Peignez les rideaux au pinceau sec en jaune de cadmium foncé.

13 Utilisez du bleu phtalo + jaune de Hansa clair pour colorer les tiges des fleurs et de l'orange indien pour les pétales. Peignez une ligne bleu phtalo + rouge de cadmium clair à la base de chaque objet transparent. Ajoutez des touches du mélange vert au vase rouge, et un mélange orange indien + jaune de cadmium foncé sur le bouchon du flacon voisin.

14 Utilisez du bleu phtalo + rouge de cadmium clair + médium pour le fond de la bibliothèque. Ajoutez le lettrage des livres avec des couleurs complémentaires – orange indien, mélange vert, magenta moyen. Peignez le montant en outremer français + blanc de titane.

15 Utilisez un glacis bleu phtalo + rouge de cadmium foncé + médium pour l'ombre du rideau, un glacis jaune de Hansa clair + médium pour la table, et un glacis bleu phtalo + rouge de cadmium foncé + médium pour les ombres sur la table.

16 Peignez les poignées du buffet en bleu phtalo avec une touche d'orange indien et de la pâte de texture. Complétez-les d'un mélange jaune de cadmium foncé + jaune de Hansa clair + pâte de texture. Réalisez un glacis rouge de cadmium foncé additionné de médium. Utilisez-le pour le buffet et les ombres sur la gauche de la table, et estompez-le pour une transition subtile.

▼ Intérieur baigné de soleil

Ce tableau traduit parfaitement l'impact de la lumière sur une composition. Les rayons du soleil illuminent le centre de la pièce, créant un contraste avec les zones plus sombres qui l'encadrent. La superposition de glacis simule parfaitement le lustre de la table, ainsi que les ombres colorées et les zones de reflets.

Profondeur

« Des couleurs chaudes
et des formes généreuses
à l'avant accentuent
la profondeur. »

Suggestion de la profondeur

Dans un tableau, l'impression de profondeur invite l'œil à se plonger dans la composition. La profondeur peut se suggérer par la couleur, l'échelle et la perspective linéaire. Les couleurs chaudes et puissantes, telles que le rouge et l'orangé, rapprochent les sujets, tandis que les couleurs froides et pâles les éloignent. En outre, plus un objet est proche, plus ses dimensions doivent être imposantes. Les règles de la perspective vous aideront également à suggérer la profondeur dans vos œuvres.

COULEURS CHAUDES ET FROIDES

Vous pouvez utiliser les couleurs pour créer de la profondeur. Ces bandes rouges, bleues et vertes illustrent l'effet de distance des couleurs. Les couleurs chaudes, comme le rouge et l'orangé, dominent et semblent se rapprocher. Le bleu, en revanche, paraît reculer : utilisez-le pour figurer l'éloignement. Le vert, lui, est figé dans une position intermédiaire.

PERSPECTIVE DES COULEURS

La couleur d'un objet change selon sa distance, en raison des conditions atmosphériques qui modifient notre perception. Les couleurs proches nous apparaissent chaudes et intenses, alors que les couleurs distantes, perçues comme étant moins vives et moins précises, prennent une teinte bleuâtre plus froide. Exploitez ces caractéristiques pour créer de la profondeur.

Couleur et profondeur Les couleurs froides et chaudes créent, dans ce paysage, une forte impression de profondeur. La barrière et le feuillage arborent des couleurs chaudes qui s'avancent. Au loin, les collines adoptent des teintes grises, plus douces, tirant sur le bleu et le violet.

ÉCHELLE ET PERSPECTIVE LINÉAIRE

Échelle et perspective linéaire peuvent être mises à profit pour créer la profondeur. Les objets rapetissent à mesure qu'ils s'éloignent – cette règle relève de l'échelle. Dans l'esquisse d'une rangée de bâtiments, par exemple, les constructions du premier plan seront plus imposantes que celles de l'arrière-plan. Les règles de la perspective sont également très utiles. Les lignes qui sont, en réalité, parallèles semblent converger vers l'horizon, au niveau d'un point de fuite, que l'on distingue nettement dans cette composition.

Croquis préliminaire

Les toitures s'inclinent vers l'horizon.

La route semble se rétrécir. Les bordures des trottoirs convergent au point de fuite.

Tableau final

Les couleurs chaudes et la dimension donnée au bâtiment portent cette façade au premier plan.

Les maisons semblent converger à mesure qu'elles s'éloignent. Les couleurs froides accentuent la profondeur.

Échelle et perspective linéaire Dans ce tableau, les lignes parallèles paraissent converger, et les maisons rapetisser avec la distance, de même que les fleurs, passants et enseignes, dont les détails s'estompent progressivement.

Galerie

Dans ces tableaux, l'effet de profondeur résulte de l'utilisation habile de la couleur, de l'échelle et de la perspective.

▲ Picnic by the river

La composition de ce pique-nique attire le regard dans le tableau. Les personnages du premier plan sont plus grands que les baigneurs, et la couleur rouge rapproche la couverture. *Luke Martineau*

The green door ▶

Le jeu subtil des diagonales des escaliers et de la porte nous entraîne à travers cet espace clos, de l'orangé dominant de la table à la porte verte, puis vers le mur bleu à l'arrière. *Ray Spooner*

◀ Fishermen in Port Isaac

Les rochers, à l'avant, sont plus prononcés que ceux situés à l'arrière. Les couleurs du sable s'atténuent progressivement avec la distance, et les maisons, sur la butte, prennent des teintes bleutées. *Wendy Clouse*

▼ Towards the National Gallery from the Haymarket

L'impression de profondeur de cette scène de rue vivante est créée par la perspective à un point. La bordure du trottoir est nettement plus détaillée au premier plan, et les bâtiments semblent rapetisser et se tasser à mesure qu'ils s'éloignent. *Nick Hebditch*

▲ Flower market, Provence

La taille des fleurs et de leurs pots diminue peu à peu. Au premier plan, les détails sont plus travaillés et plus réalistes. Avec la distance, l'ombre s'étiole et affiche des couleurs moins riches. *Clive Metcalfe*

◀ Ancient highway

Dans cette scène rurale, la perspective linéaire permet de suggérer la profondeur. La route se rétrécit en s'éloignant. Au premier plan, la clôture, la barrière et le poteau téléphonique présentent des dimensions et des couleurs plus franches. À l'arrière-plan, dominent de douces nuances de bleu-gris. *Clive Metcalfe*

7 Étang au soleil couchant

Capturer l'atmosphère d'un coucher de soleil flamboyant n'est pas si difficile qu'il semble. Dans ce tableau, le support a d'abord été recouvert de jaunes chauds. Dans la partie supérieure, un glacis dégradé d'orange éloigne le ciel. De vifs coups de pinceau horizontaux dans une couleur chaude analogue fusionnent jaune, rose et rouge dans le bas du tableau. Les techniques du pinceau sec et de l'éponge ont été utilisées pour figurer les arbres lointains et leur reflet. Les couleurs plus sombres et les détails réalisés par grattage mettent en avant le premier plan.

MATÉRIEL

- Papier pour acrylique
- Pinceaux et brosse : plate n° 10, ronds nos 8 et 12, fin n° 1
- Éponge, chiffon, brosse à dents
- Couteau à peindre n° 20
- Médium
- Jaune de cadmium foncé, blanc de titane, magenta moyen, bleu clair, vert phtalo, rouges de cadmium clair et foncé, bleu phtalo, jaune de Hansa clair

TECHNIQUES

- Reflets
- Grattage
- Pinceau sec

1 Appliquez à la brosse plate n° 10 un mélange jaune de cadmium foncé + blanc de titane. Ajoutez du blanc de titane, puis des quantités de plus en plus importantes de jaune pour retrouver l'intensité initiale au bas du tableau.

2 Peignez le ciel en violet (magenta moyen + bleu clair), puis estompez la couleur à l'aide d'un chiffon. Travaillez l'eau à la base du tableau, de droite à gauche, avec du bleu clair + magenta moyen + jaune de cadmium foncé.

3 Au pinceau sec, peignez les arbres de droite en vert phtalo + rouge de cadmium clair, et les arbres au loin en magenta moyen + vert phtalo. Reprenez le premier mélange pour les ombres de gauche.

ÉTAPES DU PROJET

4 Repassez sur les arbres distants un mélange magenta moyen + bleu clair. Ajoutez les reflets des arbres avec un mélange bleu phtalo + magenta moyen, puis travaillez ces reflets en vert phtalo et rouge de cadmium clair.

5 Avec du blanc de titane, donnez de légers coups de brosse verticaux sur les reflets pour suggérer la surface de l'eau. Ajoutez du jaune de cadmium foncé au premier plan pour rapprocher l'eau.

6 Réalisez un frottis magenta moyen + bleu clair + blanc de titane à la surface de l'eau pour la faire scintiller sur la droite. Rehaussez les reflets d'un mélange vert phtalo + jaune de Hansa clair.

7 Représentez les roseaux du premier plan par de longs coups de pinceau rond rapides avec du bleu phtalo, vert phtalo et rouge de cadmium clair. Grattez des lignes verticales au couteau avant que la peinture ne sèche.

8 Utilisez le pinceau fin n° 1 chargé du mélange vert de l'étape 7 pour ajouter des roseaux plus fins. Complétez par de fines lignes blanc de titane + magenta moyen.

9 Tapotez délicatement les roseaux à l'éponge humide chargée d'un mélange bleu clair + bleu phtalo pour suggérer fleurs et graines. Projetez à la brosse à dents un mélange magenta moyen + blanc de titane sur les roseaux, puis réalisez des mouchetures au pinceau rond n° 8 chargé d'un mélange bleu phtalo + rouge de cadmium clair.

10 Peaufinez l'eau du premier plan avec un mélange rouge composé de magenta moyen + blanc de titane en laissant apparaître les traces de pinceau. Peignez la partie centrale de l'eau d'un mélange jaune de cadmium foncé + jaune de Hansa clair, et la partie éloignée d'un mélange blanc de titane + bleu clair.

11 Travaillez le feuillage et les reflets à l'horizon avec du vert phtalo et du médium. Pour la berge, utilisez un mélange rouge de cadmium clair + un peu de bleu phtalo. Atténuez le vert, à droite, avec du vert phtalo et du rouge de cadmium foncé.

12 Peignez de grands joncs au pinceau fin n° 1 chargé d'un mélange bleu phtalo + jaune de Hansa clair. Ajoutez des fleurs de la pointe du pinceau rond n° 8 avec un mélange magenta moyen + blanc de titane.

▼ Étang au soleil couchant

La profondeur de ce tableau résulte de l'éclaircissement progressif des couleurs vers l'horizon. La variété des verts de la végétation renforce l'intensité des chaudes nuances d'orangé.

8 Train à vapeur

Cette scène d'une locomotive fonçant vers le spectateur est un parfait exemple de perspective. La profondeur est suggérée par l'apparente convergence des rails et par la réduction progressive du train avec la distance. Le travail au pinceau sec et la forme des volutes qui s'échappent de la cheminée créent une forte impression de mouvement et de vitesse. La couleur prédominante – le rouge à l'avant de la locomotive – a été soigneusement placée dans la composition à l'aide de la règle des tiers. La forme du pont ramène l'œil dans la composition.

MATÉRIEL

- Papier aquarelle pressé à froid
- Pinceaux et brosse : ronds n°s 8 et 12, plate n° 2, fin n° 1
- Couteaux à peindre n° 20 et 22
- Médium, pâte de texture
- Violet dioxazine, vert phtalo, jaune de Hansa clair, outremer français, blanc de titane, orange indien, bleu phtalo, rouge de cadmium foncé, rouge de cadmium clair, jaune de cadmium foncé

TECHNIQUES

- Couteau à peindre
- Création de textures
- Grattage

1 Dessinez les contours du train, des rails, du talus et du pont avec un mélange neutre foncé de quantités variables de violet dioxazine + vert phtalo (*voir p. 91*).

2 Esquissez les arbres de gauche avec ce même mélange en variant les quantités de couleurs. Ajoutez du jaune de Hansa clair pour suggérer le feuillage sur la droite, au premier plan.

ÉTAPES DU PROJET

3 Appliquez le mélange du feuillage sur le sol, à l'avant. Peignez le ciel de rapides et vigoureux coups de pinceau rond n° 12 chargé d'un mélange outremer français + blanc de titane.

4 Colorez la voie d'un mélange outremer français + orange indien. Ajoutez du blanc de titane pour le rail de gauche. Peignez le pont du mélange neutre foncé de l'étape 1 additionné de médium.

5 Ajoutez du jaune de Hansa clair et du bleu phtalo au feuillage de gauche. Pour son ombre, utilisez du violet dioxazine + vert phtalo + blanc de titane + médium. Agrandissez les arbres avec du vert phtalo et du violet dioxazine.

6 Peignez le talus de droite d'un mélange sableux d'orange indien + jaune de Hansa clair + violet dioxazine + blanc de titane. Pour l'autre talus, ajoutez-y le mélange employé pour le ciel. Éclaircissez l'avant avec une touche de blanc de titane. Utilisez un mélange violet dioxazine + vert phtalo + médium pour le dessous du feuillage, à droite.

7 Peignez l'avant de la locomotive d'un mélange bleu phtalo + orange indien + pâte de texture, et son reflet d'un mélange pâte de texture + rouge de cadmium foncé + blanc de titane. Sur le flanc du train, appliquez du jaune de Hansa clair et du vert phtalo et atténuez avec de l'orange indien.

8 Réalisez un mélange noir de violet dioxazine + vert phtalo + outremer français + médium, et employez-le sous les wagons et pour l'ombre du train sur la voie. Éclaircissez la cabine de blanc de titane et outremer français. Utilisez le mélange du ciel réalisé à l'étape 3 pour le dessus des wagons.

9 Peaufinez les wagons, et ajoutez les roues et fenêtres en bleu phtalo. Pour les wagons de queue, utilisez un mélange rouge de cadmium foncé + bleu phtalo, ajoutez des reflets rouge de cadmium foncé additionné de pâte de texture et peignez le haut en orange indien, jaune de Hansa clair et blanc de titane.

10 Utilisez le mélange noir *(étape 8)* pour la cheminée et les détails de la voie. Repassez sur le talus avec le mélange sableux *(étape 6)*. Peaufinez la voie avec du blanc de titane et ajoutez-en au mélange noir pour peindre les fenêtres.

11 Appliquez à l'avant de la locomotive de la pâte de texture + rouge de cadmium clair, et sur le côté droit de l'orange indien + pâte de texture. Colorez les détails des wagons et les cheminées en jaune foncé, ajoutez des reflets jaune clair.

12 Peignez les phares et les reflets des roues avant en blanc. Suggérez le mouvement par de vifs coups de pinceau sur les roues. Utilisez l'outremer et le blanc pour les finitions et le mélange noir chaud pour les tampons et les traverses.

13 Donnez de la texture au pont avec un mélange pâte de texture + orange indien + bleu phtalo, à l'aide de la brosse plate n° 2. Grattez la peinture à la pointe du couteau n° 20 pour suggérer des pierres.

14 Peignez le feuillage de gauche d'un mélange vert phtalo + jaune de Hansa clair + rouge de cadmium clair + pâte de texture et celui de droite d'un mélange vert phtalo + médium. Appliquez au couteau n° 22 de l'orange indien, du vert phtalo et de la pâte de texture, et définissez les branches et les tiges en grattant de la pointe du couteau.

15 Utilisez du blanc de titane, de l'outremer français, de l'orange indien et du médium comme base pour simuler la vapeur. Appliquez au couteau n° 22 du blanc de titane et de la pâte de texture sur la droite. Accentuez le relief à l'aide d'un mélange blanc de titane + médium. Complétez la fumée d'orange indien.

16 Soulignez le rouge de la locomotive et détaillez la voie à l'aide du mélange noir. Peignez les traverses en orange indien + bleu phtalo, et leurs ombres en bleu phtalo + médium. Appliquez du blanc de titane et de la pâte de texture sur les tampons, et réalisez leurs ombres avec le mélange noir. Tachetez le feuillage du premier plan d'orange indien.

Train à vapeur

La perspective a été soigneusement étudiée dans ce tableau, mais la locomotive et les roues ne comportent pas de détails minutieux, ce qui renforce l'impression de profondeur, de vitesse et de puissance.

9 À l'heure du thé

La vue plongeante adoptée pour ce tableau permet au spectateur d'admirer les appétissantes pâtisseries. La scène bénéficie d'un éclairage latéral qui souligne le volume des objets. Les larges ellipses des assiettes, du pot de lait, de la tasse et de sa soucoupe créent des formes franches qui contribuent à l'impact de la composition, dans laquelle le regard est entraîné par les angles de la serviette et du couteau. Les ombres chaudes lient les objets les uns aux autres, et les décorations vertes des gâteaux offrent des touches de contraste.

MATÉRIEL

- Châssis entoilé
- Pinceaux : ronds nos 8 et 12, fin n° 1
- Crayon 2B
- Bleu clair, outremer français, blanc de titane, orange indien, bleu phtalo, jaune de cadmium foncé, vert phtalo, magenta moyen, rouge de cadmium foncé, rouge de cadmium clair, jaune de Hansa clair

TECHNIQUES

- Imitation du métal
- Création de reflets

CRÉATION D'UNE COMPOSITION

L'ellipse de l'assiette produit une large forme en raison de l'angle de vue en hauteur.

L'angle du couteau dirige l'œil dans la scène.

Cette composition est constituée de formes simples. La table est observée du dessus, d'un angle de vue en hauteur révélant les espaces qui séparent les objets et rythmant le parcours du regard dans le tableau.

1 Esquissez la scène au crayon 2B (*voir p. 97*). Remplissez l'arrière-plan de bleu clair au pinceau rond n° 8 en évitant soigneusement l'assiette, la tasse et le pot de lait qui dépassent de la table.

Colorez les principales zones au début de votre travail.

ÉTAPES DU PROJET

2 Utilisez de l'outremer français et du blanc de titane pour les bords et le motif de la vaisselle. Peignez l'assiette du haut en blanc. Réalisez un mélange gris froid d'outremer français + orange indien + blanc pour les ombres sur les assiettes.

3 Reprenez ce mélange pour les ombres du côté droit du pot afin de suggérer son volume, puis pour les ombres à l'intérieur et à l'extérieur de la tasse, ainsi que sur le côté des gâteaux.

4 Colorez les autres assiettes et le pot en blanc de titane. Ajoutez de l'orange indien et du bleu phtalo au mélange gris pour peindre les moules en aluminium des gâteaux. Ajoutez au mélange du blanc de titane pour la partie gauche de chaque moule.

5 Complétez le motif des moules de fines lignes de blanc de titane. Réalisez l'ombre projetée par les moules et la tasse avec un mélange bleu phtalo + blanc de titane.

6 Peignez les gâteaux d'un mélange orange indien + jaune de cadmium foncé + une touche de vert phtalo. Colorez leur glaçage en magenta moyen et rehaussez-le d'un reflet blanc de titane estompé.

7 Utilisez un mélange outremer français + blanc de titane pour l'assiette et la serviette. Ajoutez du vert phtalo pour la lame du couteau en épargnant les zones de reflets.

8 Peignez le manche d'un mélange orange indien + jaune de cadmium foncé + bleu phtalo. Colorez le côté de la lame et sa jointure avec le manche en blanc de titane.

9 Appliquez au pinceau rond n° 12 un mélange jaune de cadmium foncé + blanc de titane sur la nappe. Définissez les bords de l'assiette avec ce mélange. Le jaune de la nappe fera ressortir les tons violets du bleu.

10 Peignez les cerises en rouge de cadmium foncé. Ajoutez du rouge de cadmium clair pour les faire briller et du blanc de titane pour créer des reflets. Recouvrez l'arrière-plan de bleu clair pour l'uniformiser et effacer les marques de pinceau.

UTILISATION DE MOTIFS

Les motifs peuvent contribuer à l'unité de la composition en créant des liens entre les objets. Les carreaux et les rayures semblent converger à mesure qu'ils s'éloignent, accentuant l'effet de profondeur.

11 Réalisez les carreaux de la nappe en blanc de titane, puis ajoutez des plis jaune de cadmium foncé. Utilisez un mélange magenta moyen + jaune de cadmium foncé pour les lignes délimitant la surnappe, et fondez-les dans le jaune de cadmium profond.

12 Pour la serviette et l'ombre dans le coin supérieur droit de la nappe, réalisez un mélange magenta moyen + blanc de titane + jaune de cadmium foncé. Représentez les ombres des objets sur la nappe avec un mélange magenta moyen + jaune de cadmium foncé.

« Les ombres colorées accentuent les volumes et le rythme. »

13 Peignez les feuilles des gâteaux au pinceau rond n° 8 chargé d'un mélange vert phtalo + jaune de Hansa clair. Détaillez le motif de la serviette en bleu clair et magenta moyen.

14 Repassez la lame du couteau en bleu clair et blanc de titane pour adoucir les reflets. Complétez le motif des moules de fines bandes blanc de titane au pinceau rond n° 8.

À l'heure du thé

Véritable régal pour l'œil, les joyeuses couleurs de ce tableau mettent l'eau à la bouche. Le point de vue élevé et le motif de la nappe contribuent à intensifier l'effet de profondeur.

Impact

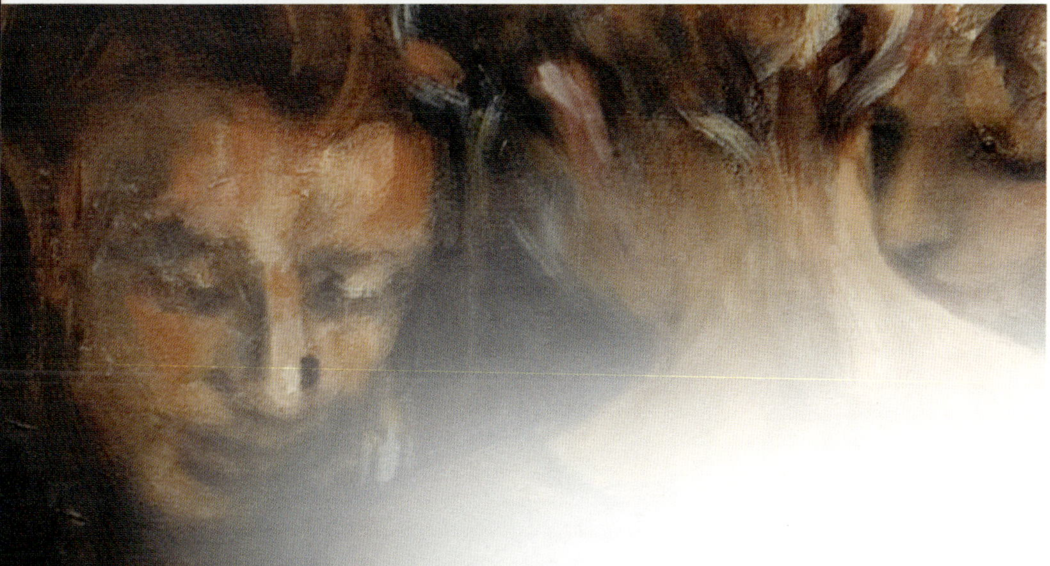

« L'impact est créé par le contraste des couleurs, des motifs, de l'ombre et de la lumière. »

Création de l'impact

Pour qu'un tableau soit réussi, il doit avoir un impact et impressionner le spectateur. L'impact peut être produit de différentes manières. La présence de diagonales prononcées crée un effet saisissant en définissant un mouvement direct. La juxtaposition de zones sombres et claires s'avère également très efficace. La technique du clair-obscur, superposition séquentielle d'éléments lumineux sur des zones sombres ou, au contraire, d'ombres sur des zones claires, permet de rythmer un tableau.

UTILISATION DES DIAGONALES

Les diagonales créent un mouvement dynamique qui confère de la vivacité à un tableau. Elles jouent un rôle majeur dans l'impact de l'œuvre ci-contre représentant une vieille femme sur le chemin du retour après une journée au champ. Les diagonales marquées des troncs et des branches, combinées aux coups de pinceau de bas en haut du feuillage, apportent une remarquable intensité. La silhouette penchée de la femme suggère un mouvement, que confirme la diagonale formée par l'inclinaison du bâton qu'elle tient à la main.

Les herbes et les fourrés sont figurés par de nombreux traits obliques.

Les vifs coups de pinceau dirigés vers le haut capturent le mouvement des feuilles.

Fraîcheur du soir Les diagonales et les couleurs intenses suggèrent admirablement la force de la nature.

OMBRE ET LUMIÈRE

Les forts contrastes entre l'ombre et la lumière sont stimulants pour l'œil. Les zones de contraste clairement délimitées créent instantanément un impact et confèrent de l'intérêt à un tableau, permettant de retenir l'attention du spectateur. Le fait d'adoucir le reste de la composition, en limitant la gamme d'éléments sombres et clairs autour du centre d'intérêt, permet à ces zones de ne pas interférer par leur présence et de réduire ainsi l'impact du tableau.

Contrastes extrêmes L'impact est produit par la position des formes des chalutiers qui se découpent sur le ciel clair. Flou, le premier plan ne distrait pas l'attention du centre d'intérêt du tableau.

CLAIR-OBSCUR

La juxtaposition de zones claires et sombres dans un tableau crée un formidable effet. Cette technique du clair-obscur renforce l'impact de la composition en produisant de forts contrastes, et permet de diriger l'œil entre les différentes zones. Les couleurs deviennent alors accessoires par rapport au jeu de l'ombre et de la lumière. Le clair-obscur s'utilise souvent dans les portraits, où l'éclairage latéral crée une alternance d'ombres et de reflets sur le visage et l'arrière-plan, renforçant l'impact de l'œuvre.

Contraste Cette série de formes contrastantes démontre l'impact produit par la juxtaposition d'éléments très clairs et très sombres.

Utilisation du clair-obscur Cette composition simple entraîne l'œil du fond bleu pâle, à gauche, aux zones d'ombre, de lumière, puis à nouveau d'ombre.

Peinture florale Le blanc des pétales est mis en valeur par les espaces sombres qui les séparent, un exemple de clair-obscur saisissant dans cette peinture subtile.

Galerie

Les diagonales permettent de créer efficacement un impact et de guider le regard. Les contrastes d'ombre et de lumière confèrent également de la vie à un tableau.

▲ Mrs Harris

L'impact de ce portrait résulte du contraste dynamique entre l'ombre et la lumière de l'arrière-plan. Les lignes diagonales de la chemise et du cou entraînent l'œil au cœur du tableau. *Ken Fisher*

▲ Walking the dog

Les diagonales de la clôture dirigent le regard vers les personnages. Le motif des pavés utilise le clair-obscur. L'impact est accentué par le contraste du chapeau rouge sur fond de feuillage vert. *Phyllis McDowell*

Shoal ▶

Voici un exemple d'utilisation dynamique des diagonales. Les poissons provenant de la gauche s'opposent au banc qui nage dans l'autre direction. Le contraste des couleurs confère de l'éclat et de l'impact au tableau. *Lindel Williams*

◄ Feeling the fabric

Ce tableau intimiste utilise une palette restreinte. L'habile distribution des zones d'ombre et de lumière crée un fort impact visuel. Il s'agit d'un excellent exemple de clair-obscur. *Vikky Furse*

▼ Spindrift

La diagonale marquée et le motif formés par les brise-lames orientent le regard. La mer, au premier plan, trace une diagonale orientée différemment qui accentue la force du tableau. *Ken Fisher*

10 Cerisier en fleur

Dans cette saisissante représentation d'un cerisier en fleur, les branches, réalisées par de vigoureux coups de pinceau, surgissent de la gauche et sont mises en relief par le bleu vif du ciel. Les formes sombres des feuilles accentuent la profondeur tandis que la variété de verts suggère le jeu de la lumière dans le feuillage. Des touches de rose, violet et blanc, enrichies de pâte de texture, ont été appliquées aléatoirement au couteau à peindre pour suggérer les fleurs et les bourgeons. Le blanc du papier, visible par endroits, allège la composition.

MATÉRIEL

- Châssis entoilé
- Pinceaux et brosses : plates nos 2, 6 et 8, rond n° 12, fin n° 1
- Couteau à peindre n° 22
- Pâte de texture
- Bleu phtalo, rouge de cadmium clair, blanc de titane, vert phtalo, rouge de cadmium foncé, jaune de cadmium foncé, jaune de Hansa clair, violet dioxazine, magenta moyen, orange indien, bleu clair

TECHNIQUES

- Couteau à peindre
- Pâte de texture
- Superposition

ESQUISSE À LA PEINTURE

Plutôt que de recourir au crayon ou au fusain, vous pouvez fort bien esquisser votre composition à la peinture directement sur la toile ou le papier pour conférer au tableau un impact immédiat en lui imprimant mouvement et dynamisme.

1 Esquissez la position des branches à la brosse plate n° 2 chargée de bleu phtalo (*voir p. 109*). Réalisez un mélange sombre de rouge de cadmium clair + bleu phtalo pour varier la couleur des branches et suggérer le feuillage.

ÉTAPES DU PROJET

2 Peignez le ciel d'un mélange bleu phtalo + blanc de titane, par de vigoureux coups de brosse plate n° 8 dans diverses directions. Ajoutez du blanc de titane pour colorer la partie inférieure du ciel en créant un dégradé, du sombre au clair, accentuant le sentiment d'espace.

3 Épaississez les branches proches du tronc avec le mélange sombre en les affinant à l'extrémité. Peignez quelques feuilles en vert phtalo à l'aide de la brosse n° 6. Ajoutez d'autres feuilles avec un mélange vert phtalo + rouge de cadmium foncé.

4 Réalisez au pinceau rond n° 12 des traits calligraphiques en rouge de cadmium foncé, sur la toile blanche, au niveau des fleurs. Représentez les feuilles non éclairées du fond à l'aide de la brosse n° 6 chargée d'un mélange rouge de cadmium foncé + vert phtalo.

5 Ajoutez au mélange précédent du rouge de cadmium clair et des quantités croissantes de jaune de cadmium foncé pour étoffer le feuillage, en repassant sur certaines feuilles sombres et en peignant sur le blanc de la toile pour varier.

EMPÂTEMENT

Cette technique crée de riches surfaces. La couleur est directement posée en couche épaisse à l'aide d'une brosse plate ou d'un couteau à peindre.

6 Peaufinez le feuillage en créant un mélange vert phtalo + jaune de Hansa clair pour les feuilles présentant des reflets. Peignez les feuilles directement éclairées par le soleil d'un mélange jaune de Hansa clair + une touche de vert phtalo.

7 Colorez le coin gauche sombre de vert phtalo + rouge de cadmium foncé. Sur les zones plus claires des fleurs, appliquez du rouge de cadmium foncé + blanc par petits coups de brosse.

8 Peignez certaines fleurs par des coups saccadés de brosse plate n° 6 chargée de violet dioxazine + pâte de texture. Utilisez un mélange magenta moyen + pâte de texture pour colorer d'autres fleurs et figurer les bourgeons, d'un simple coup de brosse incurvé. Ajoutez du blanc de titane au magenta moyen pour créer d'autres fleurs.

9 Recouvrez le blanc autour des fleurs d'un mélange bleu phtalo + blanc de titane pour créer un fond plus riche. Remplissez les branches de gauche de vert phtalo et rouge de cadmium foncé en insistant sur l'extrémité gauche.

10 Utilisez un mélange vert phtalo + jaune de cadmium foncé pour ajouter des feuilles sur les petites branches et enrichir le feuillage. Peignez le dessus des branches illuminées au pinceau fin n° 1 chargé de blanc de titane.

11 Utilisez un mélange jaune de Hansa clair + blanc de titane pour accentuer le lustre des feuilles par des traits calligraphiques. Sur le blanc de certaines branches, appliquez des coups de pinceau fin n° 1 chargé d'orange indien ou de bleu clair.

12 De la pointe du couteau, ajoutez sur les fleurs et les bourgeons du violet dioxazine et de la pâte de texture, puis du magenta moyen et de la pâte de texture. Toujours avec la pointe du couteau, réalisez des petits points en jaune de Hansa clair additionné de pâte de texture pour figurer les étamines.

▼ Cerisier en fleur

Ces branches chargées de fleurs traduisent toute la vitalité de la nature. L'explosion de couleurs et la richesse des teintes vertes du feuillage sur fond de ciel vif font ressortir l'arbre et confèrent un impact saisissant au tableau.

11 Bateau sur la plage

Ce tableau met en scène un pêcheur réparant son filet sur la plage. Situé à proximité de son bateau, il est entouré des outils nécessaires à son travail. La spontanéité qui s'en dégage est en partie due à la présence de zones de papier non recouvertes et au traitement du ciel à peine coloré. L'attirail est simplement suggéré par des techniques de peinture à l'éponge, moucheture, grattage et réserve à la cire. Les angles des porte-drapeaux, de l'échelle et du cordage créent un impact que renforce le mouvement des drapeaux, réalisés d'un seul coup de pinceau.

MATÉRIEL

- Papier aquarelle pressé à froid
- Pinceaux : ronds n°s 8 et 12, fin n° 1
- Bougie, carton, brosse à dents, papier absorbant
- Bleu phtalo, rouge de cadmium clair, rouge de cadmium foncé, jaune de cadmium foncé, magenta moyen, bleu clair, outremer français, blanc de titane, vert phtalo, orange indien

TECHNIQUES

- Réserve
- Utilisation de carton
- Réaliser une silhouette

Le ciel est figuré par un lavis flou appliqué sur le papier mouillé au pinceau rond n° 12.

1 Esquissez la composition (*voir p. 115*). Humidifiez le ciel et appliquez-y du bleu phtalo et un peu de rouge de cadmium clair. Après séchage, remouillez le papier et peignez-le de bleu phtalo + rouge de cadmium foncé.

ÉTAPES DU PROJET

UTILISATION DE CIRE À BOUGIE

Les réserves permettent de préserver des zones de papier ou de couleur sous-jacente. Utilisez un morceau de bougie d'environ 2,5 cm, recoupé dans le sens de la longueur pour en retirer la mèche.

2 En exerçant une forte pression sur la bougie, créez des réserves au premier plan, à l'emplacement des filets et des galets afin de préserver le blanc du papier.

3 Mouillez les zones de plage, puis appliquez-y du rouge de cadmium clair, du jaune de cadmium foncé, puis un mélange de ces deux couleurs. Peignez le bateau et le pêcheur d'un mélange jaune de cadmium foncé + magenta moyen.

4 Colorez la mer au pinceau rond n° 12 d'un lavis dégradé bleu clair + outremer français + blanc de titane. Ajoutez un lavis bleu clair + bleu phtalo + rouge de cadmium clair sur la partie avant du bateau qui est dans l'ombre, la cabine et les caisses.

5 Tracez à la cire le chiffre 7 sur la caisse échouée sur la plage, puis appliquez le mélange bleu de la mer. Utilisez du bleu clair sur les filets dessinés à la cire. Après séchage, peaufinez les détails à la cire, puis recouvrez les filets de bleu phtalo.

6 Colorez la silhouette d'un lavis gris de bleu de phtalocyanine + rouge de cadmium clair. Dessinez l'échelle à la cire, puis utilisez le lavis gris pour suggérer l'ombre qu'elle projette sur le bateau.

7 Peignez les filets en vert phtalo et bleu clair. Travaillez la texture du bateau à la cire, puis recouvrez de bleu phtalo. Colorez la casquette et le bras du pêcheur avec le mélange gris, puis sa salopette en orange indien.

8 Utilisez le mélange gris de l'étape 6 pour l'ombre sous les filets, les caisses et les débris sur la plage. Colorez la base des caisses et les détails des bouées en magenta moyen. Peaufinez l'arrière du bateau en bleu clair.

9 Découpez un morceau de carton de la longueur de l'un des porte-drapeaux. Enduisez la tranche du carton de mélange gris, puis appliquez-la sur le papier pour tracer les lignes nettes des porte-drapeaux.

10 Ajoutez trois drapeaux noirs d'un coup vif de pinceau n° 8 chargé d'un mélange vert + bleu phtalo + rouges de cadmium foncé et clair. Peignez d'autres drapeaux orange indien et rouge de cadmium foncé.

11 Colorez la bouée à l'avant du bateau en rouge de cadmium foncé et ajoutez une bouée sur la plage avec un mélange rose de rouge de cadmium foncé + magenta moyen. Soulignez les bords du bateau et les bouées du mélange gris.

12 Colorez la proue en orange indien et ajoutez des touche blanc de titane sur la cabine. Passez de la cire sur la caisse à droite du bateau avant de poser le mélange gris. Ajoutez-y des bouées avec le mélange rose de l'étape 11

L'eau permet de modifier la consistance de la peinture.

« La brise est suggérée par le mouvement agitant les drapeaux. »

13 Utilisez du bleu clair dilué au premier plan et sur la droite de la plage. Ajoutez du blanc de titane dilué sur la casquette du pêcheur, et peignez ses manches et les reflets sur les bouées en blanc de titane. Travaillez les détails de la plage en bleu clair.

14 Mouillez et recouvrez de vert phtalo des zones de sable. Ajoutez des lignes grises aux drapeaux. Masquez le tableau avec du papier absorbant à l'exception de la plage, puis projetez de l'orange indien à la brosse à dents et au pinceau rond n° 8. Définissez les contours de la plage en orange indien et peignez le cordage en gris.

▾ Bateau sur la plage

La lumière provenant de la droite forme des motifs en clair-obscur sur le bateau qui, combinés aux diagonales, confèrent tout son impact à la scène. Le triangle dynamique tracé par les bouées rouges invite l'œil à se promener dans le tableau.

12 Portrait d'une jeune femme

Le portrait est une discipline relativement complexe pour un artiste, mais l'acrylique a pour avantage de pouvoir être rectifiée très aisément. L'objectif de ce projet est d'illustrer de manière très simple l'utilisation des volumes. La tête est perçue comme un cube, et le cou comme un cylindre. Dans cet exemple, la tête légèrement tournée permet d'observer à la fois l'avant et les côtés du visage. La lumière éclaire l'avant du visage, l'arête du nez et le cou, tandis que les deux côtés restent dans l'ombre.

MATÉRIEL

- Châssis entoilé
- Pinceaux et brosse : rond n° 8, plate n° 10, fin n° 1
- Bâtonnet de fusain, papier absorbant, médium
- Blanc de titane, jaune de cadmium foncé, orange indien, bleu phtalo, rouge de cadmium foncé, vert phtalo, outremer français, bleu clair, rouge de cadmium clair, magenta moyen

TECHNIQUES

- Proportions
- Représentation de volumes

PROPORTIONS

Les proportions sont essentielles dans un portrait. Les dimensions du front, du nez, de la bouche et du menton doivent être correctement étudiées afin de produire un certain réalisme.

1 Dessinez le visage au fusain en positionnant les principales ombres suggérant la direction de la lumière. Définissez la gamme de tons au fusain et utilisez le papier absorbant afin de créer des reflets et adoucir les tons moyens.

ÉTAPES DU PROJET

2 Suggérez l'arrière-plan, à gauche, à la brosse n° 10 avec un mélange blanc de titane + jaune de cadmium foncé + orange indien + bleu phtalo. Ajoutez du bleu phtalo pour placer les zones les plus sombres du visage et de la coiffe.

3 Estompez les parties sombres au pinceau propre humide. Travaillez les traits du visage en bleu phtalo. Posez ce bleu dilué sur la droite et adoucissez le visage avec un mélange rose d'orange indien + blanc + rouge foncé.

4 Réutilisez le mélange rose en ajoutant du rouge de cadmium foncé pour les lèvres, du vert phtalo pour les ombres, de l'orange indien et du blanc de titane pour les tons moyens, puis à nouveau du rouge de cadmium foncé pour les lèvres.

5 Peignez l'arrière-plan à droite en bleu phtalo, puis, mouillé sur mouillé, en outremer français. Complétez l'arrière-plan à gauche de blanc de titane. Tracez l'épaule en outremer français. Définissez l'ombre de droite en bleu phtalo + orange indien.

6 Épaississez le fond d'une couche de bleu phtalo et outremer français. Ajoutez du blanc de titane pour peindre l'arrière-plan à gauche. Réalisez les mèches de cheveux sur le visage avec un mélange orange indien + rouge de cadmium foncé.

7 Colorez la partie sombre du visage d'un mélange orange indien + rouge de cadmium foncé + blanc de titane. Adoucissez le bord de vert phtalo et blanc de titane. Appliquez du blanc et du bleu phtalo sur la gauche de la tête et la coiffe dans l'ombre.

8 Peignez les ombres du cou et du nez en vert phtalo, rouge de cadmium foncé et blanc de titane. Ajoutez du blanc de titane et du rouge de cadmium foncé sur la partie claire de la coiffe et des mélanges blanc de titane + bleu clair, blanc de titane + bleu phtalo et blanc de titane + vert phtalo sur la partie sombre.

9 Appliquez sur les parties éclairées du visage un mélange orange indien + rouge de cadmium foncé + blanc de titane + bleu phtalo. Définissez les yeux avec un mélange chaud et sombre de bleu phtalo + vert phtalo + rouge de cadmium foncé. Ajoutez du blanc de titane pour placer l'ombre sous l'œil.

« Les règles de la perspective aident à créer des portraits réalistes. »

10 Colorez le dessous de l'œil en blanc avec un peu de rouge foncé. Pour les iris, appliquez du bleu phtalo, vert phtalo, un peu de rouge foncé et du blanc. Utilisez le mélange sombre chaud sur les pupilles et du blanc de titane et du bleu phtalo dans le blanc des yeux.

11 Colorez le vêtement avec un mélange vert phtalo + rouge de cadmium foncé + blanc de titane. Définissez le bord du cou d'un mélange vert phtalo + rouge de cadmium foncé. Ajoutez sur le vêtement des zones de blanc de titane avec une touche de vert phtalo.

12 Réalisez des reflets sur les cheveux de la pointe du pinceau rond n° 8 avec un mélange jaune de cadmium foncé + rouge de cadmium clair + blanc de titane. Renforcez l'ombre des cheveux de rouge de cadmium foncé et bleu phtalo.

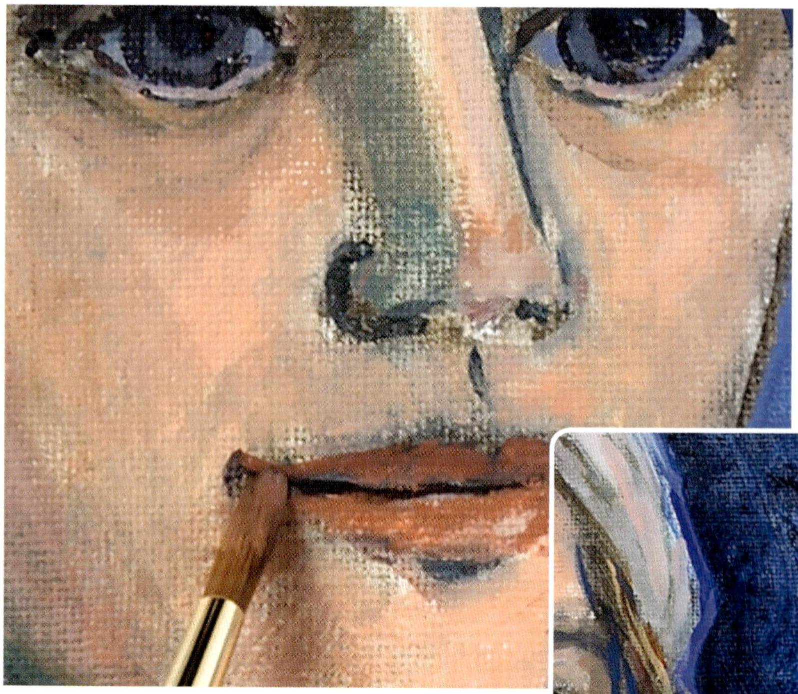

13 Relevez le coin des lèvres avec le mélange sombre chaud. Peignez l'arrière-plan en rouge de cadmium clair + outremer français + médium. Ajoutez de fines mèches de cheveux avec un mélange jaune de cadmium foncé + orange indien + bleu phtalo.

14 Figurez la fleur par d'épaisses touches de magenta moyen, orange indien, rouge de cadmium clair et rouge de cadmium foncé. Ancrez-la à la coiffe à l'aide d'outremer français. Ajoutez des traces d'un mélange magenta moyen + blanc de titane + une touche de bleu clair.

Portrait d'une jeune femme ▸

Le recours à la technique du clair-obscur renforce l'impact de ce portrait. La chaleur des tons de peau et la richesse des couleurs de la fleur ressortent vivement sur le bleu.

Glossaire

Bords nets
Style produisant des formes nettes aux contours clairement délimités. La couleur se limite à un aplat.

Centre d'intérêt
Zone d'une composition attirant immédiatement l'attention, correspondant généralement au point de rencontre entre les tons les plus clairs et les plus foncés.

Cercle chromatique
Outil visuel montrant la relation entre les couleurs primaires, secondaires et tertiaires.

Clair-obscur
Répétition de motifs de nuances claires et sombres juxtaposées produisant un contraste qui contribue à l'impact d'un tableau.

Composition
Disposition et étude des différents éléments contribuant à l'harmonie d'un tableau, notamment les zones d'intérêt et l'équilibre global.

Couleurs analogues
Couleurs proches les unes des autres sur le cercle chromatique, telles que le jaune et l'orangé. Les couleurs analogues créent des mélanges optiques inspirant un sentiment de chaleur ou de froideur.

Couleurs chaudes
Couleurs présentant un ton rougeâtre ou orangé. Les couleurs chaudes paraissent s'avancer dans la peinture, ce qui accentue l'effet de relief.

Couleurs complémentaires
Couleurs diamétralement opposées sur le cercle chromatique. La couleur complémentaire d'une couleur secondaire est la couleur primaire (rouge, bleu ou jaune) qu'elle ne contient pas. Par exemple, le vert, composé de bleu et de jaune, a pour complémentaire le rouge.

Couleurs froides
Bleu ou couleurs comprenant du bleu. Les couleurs froides paraissent s'éloigner dans le tableau, produisant un effet de profondeur.

Couleurs neutres
Couleurs obtenues par le mélange de deux complémentaires en proportions égales. En jouant sur les proportions, on peut créer une gamme de gris et de bruns mi-neutres beaucoup plus lumineux que les mélanges prêts à l'emploi.

Couleurs opaques
Couleurs imperméables à la lumière qui obscurcissent les couleurs situées au-dessous ou peintes par-dessus. Le mélange de deux couleurs opaques produit un résultat terne.

Couleurs primaires
Les trois couleurs ne pouvant être obtenues à partir d'autres couleurs : rouge, jaune et bleu. Le mélange de deux couleurs primaires crée une couleur secondaire.

Couleurs secondaires
Couleurs obtenues par le mélange de deux couleurs primaires : orangé (rouge et jaune), vert (jaune et bleu) et violet (bleu et rouge).

Couleurs tertiaires
Couleurs situées entre les couleurs primaires et secondaires sur le cercle chromatique et s'obtenant par leur mélange.

Échelle
Règle selon laquelle la dimension d'un objet varie selon sa distance par rapport au spectateur.

Éclairage en contre-jour
Éclairage produit par la position de la source de lumière derrière le sujet. Il découpe les silhouettes et masque la plupart des détails des surfaces.

Éclairage frontal
Éclairage produit par la position de la source de lumière face au sujet, révélant pleinement ses couleurs, détails et textures.

Éclairage latéral
Éclairage produit par la position de la source de lumière sur le côté du sujet, révélant sa forme et y projetant des zones d'ombre et de lumière.

Éloignement
Mouvement d'une distance proche vers une distance lointaine. Il peut être suggéré par l'utilisation de couleurs chaudes et froides afin de créer de la profondeur.

Empâtement
Technique consistant à appliquer la peinture en couche épaisse au pinceau ou au couteau à peindre pour créer une surface texturée. Les marques du pinceau ou du couteau sont très nettes, contribuant à l'intérêt du tableau. Désigne également le résultat de cette technique.

Estompage
Transition douce et progressive entre deux couleurs obtenue par des coups de pinceau ou de couteau à peindre.

Format
Dimension et forme du support de l'œuvre, qui est en général carré ou rectangulaire. Le format paysage correspond à un rectangle large, le format portrait à un rectangle étiré en hauteur.

Format paysage
Support – toile, papier, carton, etc. – ayant la forme d'un rectangle plus large que haut. Ce format était traditionnellement utilisé pour les tableaux de paysages à grande échelle.

Format portrait
Support de forme rectangulaire, plus haut que large, traditionnellement utilisé pour peindre les portraits.

Frottis
Technique consistant à passer un pinceau sec légèrement chargé de peinture opaque sur une zone peinte et sèche de façon à laisser transparaître par endroits la couleur sous-jacente.

Glacis
Application d'une couche de peinture transparente sur une couche de peinture sèche. Les couleurs de la première couche transparaissent sous le glacis, créant une nouvelle couleur scintillante.

Grattage
Technique consistant à gratter la peinture à l'aide d'un couteau à peindre pour révéler la couleur sous-jacente.

Ligne d'horizon
En perspective linéaire, ligne imaginaire située à hauteur d'œil et comprenant le point de fuite auquel se rencontrent les lignes horizontales. La véritable ligne d'horizon, séparant le ciel de la terre, peut être au-dessous ou au-dessus de la hauteur d'œil.

Médium
Produit qui peut être mélangé à la peinture pour augmenter sa fluidité et améliorer les glacis.

Moucheture
Technique consistant à projeter de la peinture à l'aide d'un pinceau ou d'une brosse à dents pour créer une texture ou modifier des zones.

Palette
Accessoire sur lequel les couleurs peuvent être mélangées ou gamme de couleurs sélectionnées par un artiste pour un tableau spécifique.

Palette humide
Accessoire spécifiquement conçu pour la peinture acrylique. La couche humide présente sous la surface de mélange permet d'éviter que la peinture ne sèche.

Pâte de texture
Médium destiné à être mélangé à l'acrylique afin de créer des empâtements et des textures en relief.

Peinture à l'éponge
Technique consistant à tapoter sur le tableau une éponge trempée dans de la peinture humide afin de créer des textures.

Perspective
Méthode permettant de suggérer la profondeur sur une surface plane.

Perspective à un point
Effet produit par des lignes parallèles (les deux bords d'une route, par exemple) qui forment un angle droit avec le plan pictural et se rencontrent en un point de fuite unique situé sur la ligne d'horizon.

Perspective aérienne
Impression de distance produite par l'atténuation de la chaleur des couleurs. Les objets distants prennent une teinte froide bleutée, tandis que les couleurs des objets proches semblent plus chaudes et plus vives.

Perspective linéaire
Effet produit par la convergence des lignes parallèles vers un point, appelé point de fuite, situé sur la ligne d'horizon ou à hauteur d'œil.

Pinceau fin
Pinceau à poils longs utilisé pour les détails.

Pinceau sec
Technique consistant à appliquer de la peinture très peu ou non diluée sur le support vierge ou déjà peint, afin de produire des traits texturés.

Point de fuite
Point vers lequel les lignes parallèles semblent converger sur la ligne d'horizon.

Profondeur
Illusion d'espace et de distance résultant des relations entre les couleurs, de la perspective et de l'échelle.

Proportions
Mesures relatives d'un objet, telles que sa hauteur par rapport à sa largeur, ou d'une zone par rapport à une autre.

Reflet
Ton le plus clair d'un tableau, situé sur les parties les plus éclairées d'un sujet.

Règle des tiers
Aide à la composition consistant à diviser l'image en tiers, horizontalement et verticalement, de manière à former une grille de neuf cases. Les zones d'intérêt se situent sur les lignes, et les centres d'intérêt à leur intersection.

Réserve
Technique visant à préserver des zones blanches de papier ou certaines zones de couleur en vue de créer des reflets par application d'un matériau repoussant la peinture, tel que du fluide à masquer, du ruban à masquer ou de la cire.

Superposition
Technique consistant à peindre une couleur sur une couleur déjà sèche. Contrairement au glacis, la seconde couleur peut être foncée et opaque. Dans ce cas, la couleur sous-jacente ne transparaît pas.

Support
Papier, toile ou carton sur lequel est réalisé le tableau.

Teinte
Synonyme de couleur, généralement utilisé pour caractériser l'intensité ou la clarté d'une couleur particulière.

Ton
Caractère clair ou foncé relatif des couleurs. Le ton d'une couleur peut être modifié par dilution avec de l'eau ou par mélange avec de la peinture blanche ou un pigment plus foncé.

Traits calligraphiques
Coups de pinceau fluides et rythmés produisant des lignes expressives.

Translucidité
Effet clair et transparent obtenu par ajout d'eau à la peinture.

Viseur
Outil de cadrage permettant de visualiser le sujet selon différentes compositions avant de le peindre. Deux formes en L découpées dans du carton feront parfaitement l'affaire.

Volume
Relief d'un objet observé de différents angles.

Index

Remerciements

Les Éditions Dorling Kindersley souhaitent remercier : Simon Murrell pour son aide en matière de conception ; Janet Mohun et Matthew Rake pour leur contribution éditoriale ; Sarah Hopper pour les recherches documentaires ; Simon Daley pour la maquette de la couverture et Ian Garlick pour la photographie de couverture.

Design Gallery souhaite remercier : Juliette Norsworthy et Kate Clarke pour la conception ; Geraldine Christy pour la relecture et sa contribution éditoriale, et Ursula Caffrey pour l'index.

CRÉDITS PHOTOGRAPHIQUES

légende : h = haut, b = bas, g = gauche, d = droite, c = centre

p. 42 : Collection privée/www.bridgeman.co.uk (bg) ; *p. 43* : Collection privée/www.bridgeman.co.uk (h) ; *p. 60* : Collection privée/Will's Art Warehouse/www.bridgeman.co.uk (h), Collection privée/www.bridgeman.co.uk (b) ; *p. 80* : Collection privée, © Panter and Hall Fine Art Gallery, Londres/www.bridgeman.co.uk (hg).